ILSE KÖNIG

# WIEN

*für*
*Fortgeschrittene*

FOTOGRAFIEN
CHRISTIAN FÜRTHNER

# *INHALT*

D1

# Wien quergelesen

Wien bleibt Wien, und gleichzeitig verändert sich die Stadt. Heute gibt es rund 335 000 Wienerinnen und Wiener mehr als vor 30 Jahren. Damit ist Wien etwa um die Größe Bonns gewachsen. Aus einer schrumpfenden Stadt an der Peripherie Westeuropas wurde eine bunte Zwei-Millionen-Metropole, die nach dem Fall des Eisernen Vorhangs ins Herz Europas gerückt ist. Die hier lebenden Menschen haben 180 verschiedene Staatsbürgerschaften. Vielfalt bringen auch die rund 200 000 Studierenden nach Wien, der größten Universitätsstadt im deutschsprachigen Raum.

Das alles braucht Platz, und zwar zusätzlichen Platz zur bereits bestehenden Stadt. Wien ist in der glücklichen Lage, über brachliegende Flächen ehemaliger Industrien und Verkehrsareale, etwa früherer Bahnhöfe, zu verfügen, auf denen neue Stadtviertel gebaut werden können. Wien wächst daher an allen Ecken und Enden, zentrumsnahe und in Gebieten weit ab vom Schuss. Die neuen Viertel wie das Sonnwendviertel, das Quartier Belvedere, das Nordbahnviertel, der Erdberger Mais und die Vienna DC sind als lebendige, durchmischte Viertel zum Leben und Arbeiten geplant. Gebaut mit hoher baukultureller Qualität. Obwohl ein beträchtlicher Teil der Wohnungen städtisch gefördert und damit auch für Einkommensschwache leistbar ist, haben die neuen Stadtteile nichts mit den Banlieues anderer Großstädte gemein. In der Tradition des 100 Jahre alten Wiener kommunalen Wohnbaus, mit den Gemeindebauten als beeindruckenden Zeugen, soll in den neu erbauten Stadtteilen Platz für alle sein.

Wien und die Donau – eine Verbindung, die im Laufe der Geschichte nur unvollständig geglückt ist. Eigentlich liegt Wien ja am Donaukanal. Um an die Donau, die Alte wie die Neue, zu kommen, muss meist ein weiter Weg in Kauf genommen werden. Im Gefolge der neuen Stadtentwicklung rücken die Stadtteile jenseits der Donau nun näher ans Zentrum, auch im Kopf. Doch für viele Wienerinnen und Wiener ist sie trotzdem noch die große Unbekannte in deren persönlicher Stadtkarte.

Die gründerzeitliche Stadt hingegen kennt man gut oder meint, sie gut zu kennen. Die Altstadt, die von der UNESCO zum Weltkulturerbe erklärt wurde, zählt zu den 700 herausragenden Kultur- und Naturdenkmälern der Menschheit. Das lässt für Neues nicht viel Spielraum, aber auch im Alten verstecken sich viele Überraschungen, vorausgesetzt, man meidet die ausgetretenen Pfade. Viele etwas vernachlässigte Viertel haben sich zu jungen, urbanen Hotspots gemausert, ihren Charme aber dennoch behalten. Da lässt es sich gut leben, ausgehen, einkaufen und essen.

Apropos Essen: Wie schmeckt Wien eigentlich? Wie in jeder Großstadt bekommt man quer durch die Weltküche fast alles in unterschiedlicher Qualität, dennoch hat sich auch die berühmte Wiener Küche halten können. Sie erlebt gerade eine kleine Renaissance. Motto: zurück zu den Wurzeln. Auf gut Wienerisch: ohne Gschistigschasti. Innereienküche ist auch wieder en vogue. Die Wiener Küche ist geprägt von den Einflüssen der Zuwanderer aus den Regionen und Ländern der K.-u.-k.-Monarchie. Zu verkosten im Beisel oder in der neuen Generation gepflegter Gasthäuser.

Wien ist – bereits zehn Mal – zur lebenswertesten Stadt der Welt gekürt worden, und zur weltweit grünsten Stadt obendrein. Sie besticht mit ihrem Kulturangebot, vielen konsumfreien Zonen, Freizeitangeboten, Badestränden, nur wenige U-Bahn-Minuten von der Innenstadt entfernt, Quellwasser aus der Wasserleitung, damit, dass man sich in der Nacht nicht fürchten muss und von überall in der Stadt schnell im Grünen ist. 50 Prozent der Stadtfläche ist Grünraum, auf Wiener Stadtgebiet gibt es sowohl einen National- als auch einen Biosphärenpark. Und sogar noch 800 Bauernhöfe, auf denen beispielsweise mehr Gurken geerntet werden als in ganz Österreich zusammen.

Das alles und noch viel mehr macht Wien aus. Zum ersten Mal nach Wien Kommende oder Reisende auf Kurzbesuch werden sich begreiflicherweise auf die touristischen Höhepunkte konzentrieren. Was oft bleibt, ist der Eindruck, dass Wien eine museale Stadt sei, die mehr in der Vergangenheit als in der Gegenwart lebt. Um zu erkennen, dass das so nicht stimmt, muss man Wien wohl näher erkunden: eine Sache für Fortgeschrittene. Oder neugierige Wienerinnen und Wiener.

# Quer durch Wien mit der Linie D

Ein Pluspunkt für den ersten Platz unter den lebenswertesten Städten der Welt ist auch das öffentliche Verkehrsnetz in Wien. Rund 950 km können mit 126 U-Bahn-, Bus- und Straßenbahnlinien zurückgelegt werden. In Wien sind 29 Straßenbahnlinien unterwegs, mit Nummern zwischen 1 und 71 benannt, außer die Linien O und D. Man nennt sie O-Wagen und D-Wagen, im Unterschied zu den Linien mit Zahlen, dem 1er, dem 71er. Der D-Wagen, seit 1907 in Betrieb, durchquert Wien auf einer Strecke, die Appetit auf mehr macht. Folgender Rat von Jörg Mauthe sei dabei beherzigt: „Man lege den Stadtplan aus der Hand und sei sich klar darüber, dass diese hochdifferenzierte, vielgesichtige Stadt niemals ganz zu erforschen und zu erkunden sein wird – selbst dann nicht, wenn man ein ganzes Leben in ihr zubrächte."

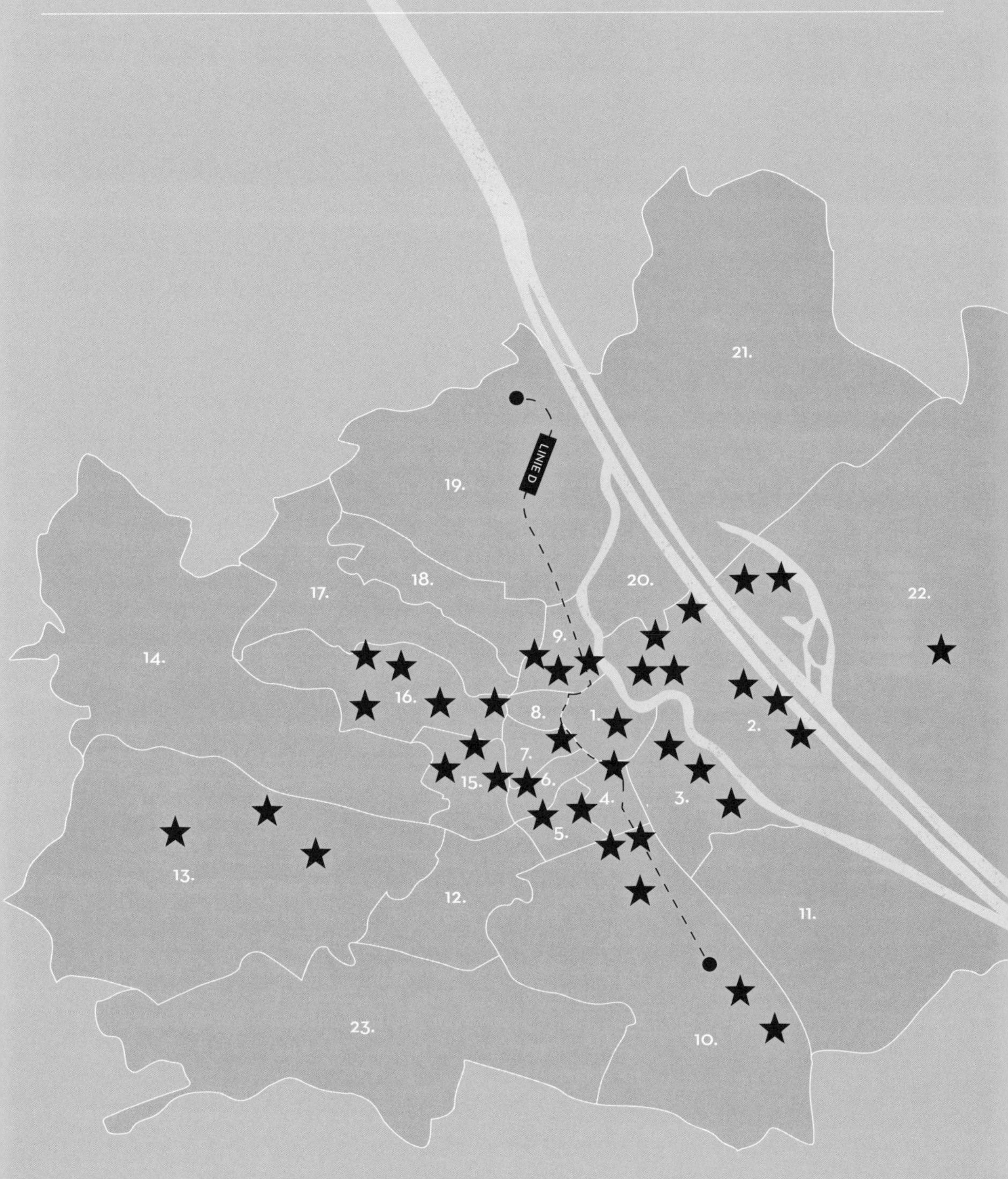


★ All diese Gegenden können
Sie mit dem Buch kennenlernen

START DER LINIE D

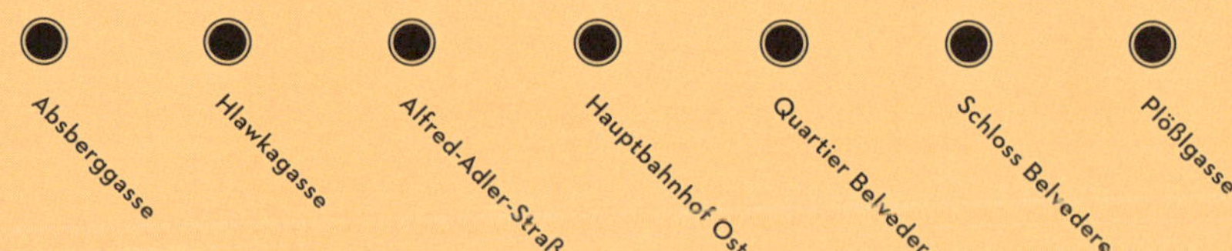


## *D wie diagonal*

Der D-Wagen fährt in rund 50 Minuten elf Kilometer quer durch Wien. Also gemächlich. Entlang der 32 Haltestellen vom Südosten in den Nordwesten der Stadt liegt gewissermaßen eine Kurzfassung von Wien, typische Beispiele dessen, was Wien ausmacht. Dabei erfährt man im wahrsten Sinn des Wortes das historische Wien ebenso wie neue Projekte einer modernen Stadtentwicklung, passiert barocke Pracht und urbane Glasbauten, lebendige Grätzel und Zeugen dunkler Kapitel der Geschichte. Wissenschaft, Kunst und Kultur, im Großen wie im Kleinen, liegen an der Strecke, die in den Weinbergen mit Blick auf die Donau endet.
All das und noch mehr auf der Fahrt beziehungsweise beim Hop-on Hop-off höchstens 15 Minuten von den Haltestellen entfernt.

## *Absberggasse*

In Wien werden aufgelassene, alte Industriebauten in und nahe des Stadtgebiets für Kunst- und Kultur- sowie Sozialinitiativen neu genutzt. Etwa in der Nähe unserer ersten D-Station in der Expedithalle der Ankerbrotfabrik und im früheren Siemenswerk am Kempelenpark.
Auf den Arealen früherer Verkehrsanlagen entstehen neue Stadtteile von enormem Ausmaß. Das Sonnwendviertel ist Teil eines Stadtentwicklungsprojekts rund um den neuen Hauptbahnhof. Großteils ein Wohnviertel, in dem gelebte Nachbarschaft großgeschrieben wird. Im Zentrum des Viertels liegt der Helmut-Zilk-Park, ihn erreicht man von der nächsten D-Station, Hlawkagasse. Hier liegt auch der Bildungscampus Sonnwendviertel, eine der prämierten Bildungseinrichtungen in den neuen Stadtvierteln. Siehe auch das Kapitel „Aufschwung im Vierteltakt“.

## *Hauptbahnhof*

Mit dem neuen Hauptbahnhof wurde Wiens „Jahrhundertprojekt“, die Vernetzung der Zugverbindungen aus dem Süden, Osten, Westen und Norden in einem zentralen Bahnhof, verwirklicht. Zur Gründerzeit hatte Wien sechs Kopfbahnhöfe, von denen heute nur noch der Westbahnhof für regionale Züge und ein Nahverkehrsbahnhof anstelle des früheren Kaiser-Franz-Josef-Bahnhofs in Betrieb sind. Der aufgelassene Südbahnhof, auf dessen Areal der Hauptbahnhof steht, war einst der größte Bahnhof Österreichs und der „Haupt“-Bahnhof für Ankommende aus den Zuwanderungsländern der sogenannten Gastarbeiter ab den 1960er-Jahren.
Auch die Areale anderer ehemaliger Kopfbahnhöfe – Nordbahnhof, Nordwestbahnhof, Kaiser-Franz-Josefs-Bahnhof – sind heute Kerngebiete innerstädtischer Stadtentwicklung.

## *Quartier Belvedere*

Der zweite neue Stadtteil, der beim Hauptbahnhof entstand, ist das Quartier Belvedere. Es liegt an der Schnittstelle mehrerer Bezirke, darunter der Arbeiterbezirk Favoriten, und am Schloss Belvedere, von dem es seinen Namen geerbt hat. Der Stephansplatz ist zwei Kilometer Luftlinie entfernt. Im Unterschied zum Sonnwendviertel ist es vor allem ein Businessviertel, mit nicht alltäglicher Architektur, luxuriösen Wohnungen, Freizeitanlagen und trendiger Gastronomie. Im nahen Schweizergarten lohnt ein Besuch des Belvedere 21, Museum für zeitgenössische Kunst. Aus dem österreichischen Pavillon der Brüsseler Weltausstellung 1958 wurde letztlich 2018 einer der Standorte des Museums Belvedere. Eine Rarität: das Blickle Kino im Belvedere 21, modernste Technik im original erhaltenen 50er-Jahre-Interieur. Siehe auch das Kapitel „Nachbarschaft, Business und schöne Künste".

## *Schloss Belvedere*

Wien gilt als die heimliche Hauptstadt des Barock. Wie in kaum einer Stadt Mitteleuropas gibt es über ganz Wien verstreut barocke Prachtbauten, darunter die Karlskirche, das Stadtpalais Liechtenstein und das Schloss Belvedere. Das Belvedere beherbergt eine der wertvollsten Kunstsammlungen Österreichs, vom Mittelalter bis in die Gegenwart, mit Hauptwerken von Gustav Klimt, Egon Schiele und Oskar Kokoschka. Die barocke Parkanlage zählt zu den schönsten der Welt. Der Blick vom Belvedere auf die Innere Stadt, der sogenannte Canaletto-Blick, ist für Wiens Bauprojekte von großer Bedeutung. Die Sichtachse, wie sie auf einem Bild Canalettos, einem Maler des ausgehenden 18. Jahrhunderts, abgebildet ist, soll nicht beeinträchtigt werden. Anderenfalls steht der Weltkulturerbe-Status Wiens auf dem Spiel.

## *Schwarzenbergplatz*

Die Wiener Kaffeehauskultur hat eine lange Tradition und gehört zum immateriellen Weltkulturerbe Wiens. Im Café Schwarzenberg, dem ältesten und einem der letzten von ehemals rund dreißig Ringstraßencafés, gibt es – typisch für Wien – zum Kaffee stets ein Glas Wasser. Das Wasser kommt aus dem Wasserhahn, aus dem in ganz Wien frisches Quellwasser fließt. So auch im Hochstrahlbrunnen auf dem Schwarzenbergplatz, in dem, seit es die Hochquellleitung gibt, ebenfalls das Wasser aus Gebirgsquellen sprudelt. Einige Minuten entfernt die französische Botschaft, ein Hauptwerk des französischen Jugendstils außerhalb Frankreichs und die einzige diplomatische Vertretung der Welt im Stil des Art nouveau.

## *Opernring*

Vom Opernring bis zur alten Börse, wo er Richtung Nussdorf abbiegt, fährt der D-Wagen eine halbe Runde den Ring entlang. Eine gemütliche Spazierfahrt mit Aussicht auf den baumgesäumten Prachtboulevard und seine Highlights. Vorbei an der wohlbekannten Ringstraßenarchitektur, Kunst- und Kulturinstitutionen wie Oper, Burgtheater und den Museen, Monumentalbauten wie Parlament und Rathaus, an der Universität, Denkmälern und historischen Plätzen.
An der Strecke liegen auch der Burggarten und der Volksgarten, die erste Gartenanlage in Österreich, die 1823 vom Kaiserhaus ausdrücklich für die Öffentlichkeit errichtet wurde. Wer in Wien vom Volksgarten spricht, meint oft auch die darin befindliche Clubdisco, sie hat 180 Jahre Geschichte auf dem Rücken. Der Burggarten, ein ehemaliger Hofgarten, wurde wie andere kaiserlichen Gärten erst nach dem Ende der Monarchie öffentlich zugänglich.

## *Schlickgasse*

Nahe der Haltestelle Schlickgasse kreuzen sich Berggasse, Servitengasse und Porzellangasse. Jede für sich bietet Sehenswertes.
Die Berggasse ist untrennbar mit dem Namen Freud verbunden. Im erst kürzlich neu gestalteten Museum kann man in den Wohn- und Praxisräumen Sigmund Freuds viel über seine Arbeit, den Alltag der Familie Freud und die Geschichte der Psychoanalyse erfahren. Einen Einblick in den früheren Umgang mit psychischen Erkrankungen gibt der nahe gelegene Narrenturm.
Geht es hier um die Seele, geht es in der Servitengasse hauptsächlich um den Leib. Ein charmantes Ausgehviertel mit französischem Flair, in dem Essen und Trinken angesagt sind.
Rund um die Porzellangasse schließlich haben sich außergewöhnliche Klein- und Mittelbühnen angesiedelt, die man sich für den Abend merken sollte. Siehe den Abschnitt „Große Bühnenkunst im Kleinformat“.

## *Seegasse*

Versteckt im Innenhof eines Altenheimes liegt der älteste jüdische Friedhof Wiens, der Friedhof Seegasse. Er ist einer von fünf jüdischen Begräbnisstätten in Wien, die, wie auch andere Mahnmale, eindrücklich die Geschichte der Judenvertreibungen in Wien in Erinnerung rufen.
Im nahe gelegenen Liechtensteinpark begegnen wir dem barocken Palais Liechtenstein mit einer der weltweit bedeutendsten privaten Kunstsammlungen. Der frühere Barockgarten ist heute ein weitläufiger, öffentlich zugänglicher Park. Ganz nahe: die Strudlhofstiege, berühmteste der zahlreichen Stiegen im unerwartet hügeligen Wien. Der Alsergrund ist einer der stiegenreichsten Bezirke der Stadt.

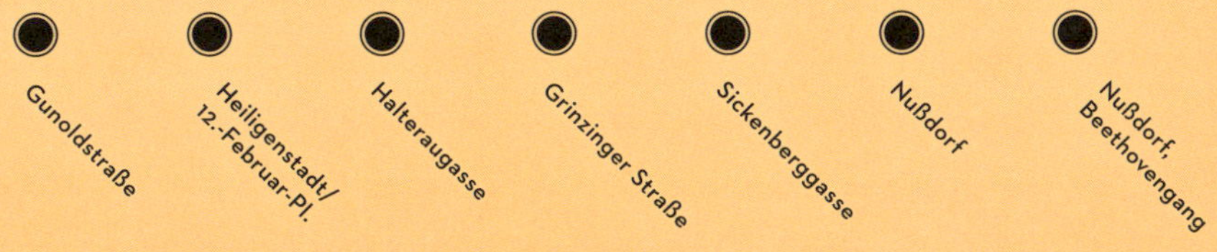


ENDE DER LINIE D

## *Spittelau*

Bis zur Haltestelle Spittelau gibt es eine kleine Durststrecke, die eventuell in der Beaver Brewing Company unterbrochen werden kann, eine der Mikrobrauereien, die die alte Brautradition Wiens im Kleinen wiederbeleben. Sie liegt nahe dem Franz-Josefs-Bahnhof, einem der früheren Kopfbahnhöfe, die überbaut und anders genutzt wurden. Die weithin sichtbare Müllverbrennungsanlage Spittelau ist eine von drei Anlagen zur thermischen Abfallbeseitigung, die Fassade wurde von Friedensreich Hundertwasser künstlerisch gestaltet. Eine weitere Besonderheit ist, dass sie wegen nur geringer Schadstoffproduktion mitten im Stadtgebiet angesiedelt ist.
In den Nachbarbezirk führt hoch über der stark befahrenen Heiligenstädter Straße und die historischen Gürtelbögen Otto Wagners ein 120 Meter langer, gläserner Skywalk.

## *12.-Februar-Platz*

Der 12.-Februar-Platz – an die Februarkämpfe 1934 erinnernd – ist eine von vier Haltestellen entlang des Karl-Marx-Hofs, mit 1,1 km Länge der längste zusammenhängende Wohnbau der Welt. Der 1930 eröffnete Gemeindebau ist das Symbol schlechthin für die 100-jährige Tradition kommunalen Wohnbaus und sozialer Wohnbaupolitik in Wien: Das „Rote Wien" war bestrebt, menschenwürdige Wohnbedingungen zu schaffen – als Gegenentwurf zu den privaten Mietskasernen dieser Zeit. Die Wohnanlage sollte auch ein neues Selbstverständnis der Arbeiterschaft demonstrieren. Sie im bourgeoisen Döbling zu errichten, kam einer gewaltigen Provokation gleich.
Im Waschsalon Nr. 2 des Karl-Marx-Hofs in der Halteraugasse kann man sich in einer Dauerausstellung ausführlich über das gesellschaftspolitische Experiment „Rotes Wien" informieren.

## *Nussdorf*

In Nussdorf zweigt der Donaukanal von der Donau ab, hier schlägt man zwei Fliegen auf einen Streich. Streng genommen liegt Wien am Donaukanal – um die Donau zu sehen, muss üblicherweise ein weiter Weg in Kauf genommen werden.
Die Schemerlbrücke, eine der unzähligen Otto-Wagner-Bauwerke in der Stadt, ist Teil der Nussdorfer Wehr- und Schleusenanlage, die den Zufluss von Donauwasser in den Donaukanal reguliert.
In der Nähe erinnert der Beethovengang, ein lauschiger Spazierweg, daran, dass Wien 35 Jahre lang Lebensmittelpunkt des Komponisten war. In seiner Wohnung in der Probusgasse schrieb er etwa sein Heiligenstädter Testament. An einem weiteren Wohnsitz logiert heute ein vorzüglicher Heuriger. Zur Heurigenkultur siehe den Abschnitt „Ein Achterl in Ehren".

12 – 33

# Anfängerzonen von der Maschekseite

## *Eine Spezialtour für Fortgeschrittene*

Innenstadt – Ringstraße – Alt-Hietzing – Schönbrunn – Villenviertel Hietzing

**INNENSTADT: 1 ¼ STUNDEN WEGZEIT**
**RINGSTRASSE: ½ STUNDE FAHRTZEIT**
**SCHÖNBRUNN / HIETZING: 2 STUNDEN WEGZEIT**

*Die großen Drei des Wientourismus zur Auffrischung, aber unter anderen Blickwinkeln. Ausweichrouten in den Gassen rund um den Stephansplatz und abseits der anderen touristischen Trampelpfade in der Innenstadt. Eine Dombesteigung mit amüsanter Begleitung. Nebenattraktionen und verborgene Schätze auf dem schönsten Boulevard der Welt, der Ringstraße. Schönbrunn über einen versteckten Waldweg ansteuern, auf dem besten Aussichtspunkt landen, durch Weinreben, Zitronenbäume und ein Rosarium wieder verlassen. In der Hietzinger Nachbarschaft durch ein Villenviertel mit Baujuwelen der Wiener Moderne streunen. Alles eben von der Maschekseite, der anderen, unüblichen, hinteren Seite, a másik, wie es im Ungarischen heißt.*

## *In die Stadt*

Wenn in Wien jemand sagt: „Ich gehe in die Stadt“ oder: „Treffen wir uns in der Stadt“, meint er oder sie damit das Stadtzentrum, den ersten Bezirk, die Innenstadt, im Grunde alles, was innerhalb des Rings liegt. Mitten in der Stadt steht der Stephansdom, kurz „Steffl“, Touristenattraktion Nummer eins, mit 17 500 Besucherinnen und Besuchern täglich, summa summarum rund 6,4 Millionen pro Jahr. Zum Steffl hin oder von ihm weg führen sternförmig die Hauptwege, auf denen sich der Touristenschwarm wie auf Autobahnen bewegt. Das sind im Grunde drei: die Kärntner Straße, der Graben mit dem Kohlmarkt und einem Stück Tuchlauben – begehrte Einkaufsstraßen – und die Rotenturmstraße, auf der Kreuzfahrtreisende schnurstracks zum Stephansplatz geschleust werden. Kaum ein Durchkommen. In den Nebenstraßen, genauer Gassen und Gässchen, rundum wird der Touristenstrom schütterer, je weiter vom Stephansdom entfernt, desto ruhiger wird es.

Wer in die Stadt geht, hat zwei Möglichkeiten, die Massen zu umgehen: entweder frühmorgens, wenn es weder Domführungen noch offene Geschäfte gibt. Oder im Hinterland der Hauptrouten, wo man feine kleine Geschäfte, Lieblingsorte und die eine oder andere unentdeckte Sehenswürdigkeit finden kann, wenn man sich die Zeit nimmt.

Etwa im Blutgassenviertel hinter dem Stephansdom, einem der ältesten Viertel Wiens. In der Blutgasse geht es hindurch unter Bögen, die die eng stehenden Häuserzeilen gegeneinander abstützen. Auf knapp der Hälfte des Weges kann durch alte Höfe mit Laubengängen, sogenannte Pawlatschenhöfe, in die Grünangergasse gequert werden. Im ersten Stock eines Innenhofs, leicht zu übersehen, die Galerie nächst St. Stephan, gegründet im Jahr 1950. Sie hatte lange den Ruf der österreichischen Avantgardegalerie schlechthin und wartet nach wie vor mit attraktivem Ausstellungsprogramm auf. Durch ein hohes Tor am Ende der angrenzenden, schmalen Domgasse, durchwegs eine Augenweide, lande ich wieder beim Stephansdom, und zwar an seiner Rückseite.

Dort gehe ich, von Menschenmassen einigermaßen unbehelligt, hinüber in die Singerstraße und in die Gässchen, die parallel und quer zur verstopften Kärntner Straße liegen. Zuerst in die sehenswerten, stillen Innenhöfe des Deutschordenshauses, in dem es auch preisgünstige Gästezimmer zu mieten gibt. Beim Buongustaio, einem meiner beiden liebsten Alimentari in Wien, trifft sich hauptsächlich Stammkundschaft. „Buongiorno signora, prego, was kann ich für Sie tun?“ Heute ein Panino mit Mortadella als Wegzehrung. Wasser werde ich an einem der vielen Trinkbrunnen in der Stadt zapfen.

Von der Rauhensteingasse führen zwischen hohen, alten Stadthäusern die Blumenstock- und die Ballgasse weg, in denen der Stadtlärm gleichsam versickert. Der Name Ballgasse kommt übrigens von einem Ballspiel, einer Art Federball, das Kaiser Ferdinand I. Anfang des 16. Jahrhunderts aus Spanien mitbrachte. Um spielen zu können, wurden Ballhäuser gebaut, eines davon eben hier.

# *Domgeschichten*

Ist Ihnen schon einmal aufgefallen, dass der Bundesadler auf dem Dach des Stephansdoms in die falsche Richtung blickt? Kein Fehler beim Wiederaufbau des Stephansdoms nach 1945, nein, man fand es schöner, wenn er dem Adler im Wiener Wappen in die Augen schaut.

Wiederaufbau? Nicht etwa, weil der Dom im Zweiten Weltkrieg von Bomben zerstört worden wäre, sondern aus einem viel profaneren Grund. Kurz vor Kriegsende entwendeten Plünderer im Teppichhaus Haas hinter der Kirche Ware und legten einen kleinen Brand, um ihre Spuren zu verwischen. Der Wind trug brennende Teppiche auf den Nordturm, der fing Feuer, stürzte in den Dachstuhl, der den Flammen zum Opfer fiel, der wiederum hinunter in das Hauptschiff, wo er zum Glück keinen nicht verschmerzbaren Schaden anrichtete.

Haben Sie gewusst, dass in der goldenen Kugel am Südturm eine Zeitkapsel verborgen ist, die unter anderen zeittypischen Gegenständen Panini-Sticker enthält, und warum? Und welche Dinge man 2008 bei der Öffnung der historischen Zeitkapsel anlässlich einer Restaurierung der Turmkugel gefunden hat?

Diese und eine Unzahl anderer Geschichten habe ich bei einer einzigartigen, unterhaltsamen Abendführung auf den Südturm des Stephansdoms vom Domführer aus erster Hand erfahren. 120 Stufen geht es über eine enge Wendeltreppe hinauf in den Dachboden des Doms, später in die Regenrinne um das steile Dach herum, zuletzt zur Pummerin. Sie merken schon, Angst vor engen Räumen oder großen Höhen sollte man nicht haben.

Ein bisschen außer Atem bin ich nach dem steilen Aufstieg schon. Im Dachboden gibt es einen höchst interessanten, gleichzeitig launigen Diavortrag rund um die Geschichte des Stephansdoms.

Über den Nordturm, der auf einem Fundament steht, für das auf kaiserlichen Befehl statt Wasser Wein, weil ein zu saurer Jahrgang, in den Kalk gemischt wurde. Über die 250 000 glasierten Ziegel auf dem Dach, deren Musterung einem syrischen Teppich nachempfunden wurde. Von den Schwierigkeiten des Dachdeckens, des ersten im Mittelalter und des ähnlich gelagerten beim Wiederaufbau nach 1945. Beide Male weigerten sich die Arbeiter der Dombauhütte, so hoch hinaufzusteigen. Im Mittelalter wurden die Ziegel angeblich im Alleingang von einer Frau verlegt, die sich aufs hohe Dach traute, einzige Sicherung Gottvertrauen! Beim zweiten Durchgang von Bergsteigern, die zu Hilfe geholt wurden. Ein wenig peinlich war das den Herren im Mittelalter schon, die Dachdeckerin musste Männerkleider tragen, damit nicht aufflog, dass sie selbst für diese Arbeit nicht mutig genug waren. Und so reiht sich kurzweilig Geschichte an Geschichte an historische Fakten.

Ein besonderes Erlebnis ist der Weg durch die schmale Regenrinne hautnah am Dach, das fast senkrecht emporragt. Selbstreinigend ist es, wie der Domführer erklärt, durch den abrinnenden Regen und den in die Rinne abrutschenden Schnee. Einzig die Tauben seien ein Problem, auf dem Dach angesiedelte Turmfalkenpärchen sorgen dafür, dass es nicht überhandnimmt. Der Blick über das abendliche Wien ist grandios. Für Sicherheit sorgt eine beruhigend hohe Balustrade.

Zuletzt statten wir der Pummerin drüben am Nordturm noch einen kurzen Besuch ab. Die drittgrößte frei schwingende Glocke der Welt wurde ursprünglich aus 208 osmanischen Kanonen der zweiten Türkenbelagerung gegossen. Beim Brand des Nordturms stürzte sie herab und zersprang. Die Ironie der Geschichte: Sie erschlug dabei just ein Denkmal, das an die Türkenbelagerung erinnerte. Rund um den Guss der heutigen Glocke gäbe es auch einige Schnurren zu erzählen. Am besten bei einer Abendführung selbst anhören und viele weitere genießen.

Gerne bin ich auch am Franziskanerplatz, ja, im allseits bekannten Kleinen Café. Sofern ich einen Platz finde, sitze ich gerne in diesem kleinen Juwel, das Hermann Czech so wunderbar eingerichtet hat. Im Sommer direkt auf dem Platz, an dem ich mich nicht sattsehen kann. Mit Blick auf die Renaissance-Fassade des Franziskanerklosters.

Im Hinterland der Rotenturmstraße, einer weiteren touristischen Hauptroute, die es zu umgehen gilt, schlendere ich oft durch die Bäckerstraße und die Sonnenfelsgasse bis zur Alten Universität und dann weiter zum Café Engländer. In die Bäckerstraße komme ich vom Stephansplatz durch eine Abfolge von Toreinfahrten und Höfen – den Zwettler Hof bis zur Wollzeile, dort direkt weiter durch den Schmeckenden-Wurm-Hof – bis ans Ziel. Dort gibt es eine bunte Mischung aus kleinen Fachgeschäften, Trend- und Traditionslokalen sowie das empfehlenswerte Restaurant eines Sozialprojekts. Und das witzigste Fresko Wiens: eine Backgammon spielende Kuh aus dem 17. Jahrhundert. Die Sonnenfelsgasse ist eine Fundgrube für antiquarische und Kunstbücher.

Über die s-förmig geschwungene Schönlaterngasse, die angeblich schönste Gasse Wiens, gehe ich weiter zum Fleischmarkt. Kurz vor der Alten Schmiede, einem Kunstverein mit anspruchsvollem Programm und einem Leseraum voller Literaturzeitschriften, schwenke ich gelegentlich in den Heiligenkreuzerhof ein. Ein wunderschöner Hof mit kleinen Geigenbauer-Werkstätten, leider zugeparkt, aber sonst eine Ruheoase.

Nach der Schönlaterngasse geht es in die Postgasse, vorbei an der Alt-Wiener Gaststätte Beim Czaak. Für Leute, die sich nicht entscheiden können, gibt es „Czaakys Highlight“: ein halbes Wiener Schnitzel + ein halbes Herrengulyás. Wer einen kleinen Abstecher auf die Dominikanerbastei machen will:

ALIVE
656

Hier befindet sich die Maschekseite der Österreichischen Postsparkasse, eines der bekanntesten Jugendstilgebäude Wiens, geplant und gebaut von Otto Wagner. Ab 2021 wird sie zu einem neuen Zentrum für Kunstuniversitäten und Forschung. Es spricht nichts dagegen, sie zu umrunden und von allen Seiten zu bestaunen.

Am Fleischmarkt angekommen, steuere ich die Griechengasse direkt neben der Griechisch-orientalischen Kirche zur Heiligen Dreifaltigkeit an. Rund um das pittoreske Griechenbeisl staut es sich touristisch, in die spätmittelalterliche Gassenzeile der Griechengasse verirren sich hingegen nur wenige. Gleich am Anfang gibt es im „Fenster Café" köstlichen Espresso aus eigener Röstung, gebraut in einem kleinen Raum und aus dem Fenster herausgereicht. Am Ende der Gasse führt eine Stiege den Hafnersteig hinunter auf den Franz-Josefs-Kai. Am Donaukanal ist Zeit für mein Panino. Dazu ein Schluck Hochquellwasser.

Die Menschenmassen am Graben und Kohlmarkt zu umgehen ist ungleich schwerer als jene in der Kärntner Straße und Rotenturmstraße, aber nicht unmöglich. Im Zwickel zwischen Kärntner Straße und Kohlmarkt flaniere ich gerne in der Spiegelgasse, in der sich unter anderem kleine, außergewöhnliche Modegeschäfte angesiedelt haben. In der Dorotheergasse sind das Dorotheum selbst und das Theatermuseum immer einen Besuch wert. In der Stallburggasse ist das Café Bräunerhof für mich ein Must, schaut von außen etwas verstaubt aus, ist innen aber so was von anheimelnd. Das sollte ich vielleicht gar nicht verraten, noch ist es touristisch nicht in Besitz genommen. Der Prunksaal der Österreichischen Nationalbibliothek am Josefsplatz, ein barockes Juwel! Mit Reisegruppen ist hier nicht zu rechnen.

Auf der anderen Seite des Grabens kann ich die Luxusgeschäftsmeile am Beginn der Tuchlauben durch die Kleeblattgasse umgehen, außer ich will zum legendären Café Korb am Eck zur Brandstätte. In der „Art Lounge“ im Keller des Cafés gibt es regelmäßig außergewöhnliche Kulturveranstaltungen. Wenige Schritte weiter auf der Tuchlauben 19 sollte man keinesfalls die Neidhart-Fresken versäumen. Die ältesten nichtkirchlichen mittelalterlichen Wandbilder Wiens können in einem Ausstellungsraum im 1. Stock, einem Standort des Wien Museums, bewundert werden.

Am Hohen Markt biege ich in die Wipplingerstraße ein, vorbei am Alten Rathaus, heute Sitz der Bezirksvorstehung und des Dokumentationsarchivs des österreichischen Widerstandes. Von der Gasse Stoß im Himmel über die querende Salvatorgasse gelange ich zur Kirche Maria am Gestade. Die gotisch-römische Kirche ist eine der ältesten Kirchen Wiens. Sie war einst die traditionelle Kirche der Donauschiffer. Vor ihrem Haupttor führt eine Stiege zwei Stockwerke abwärts, wie man an den beidseitig angebauten Häusern ablesen kann, und ich bin unten am Tiefen Graben. Bevor ich auf dem Platz Am Hof bei Babette's – Kochbücher! Gewürze! Kleine Mahlzeiten! – lande, schaue ich noch links und rechts in die kleinen verwinkelten Gassen. In die Färbergasse, auf den Schulhof mit dem Uhrenmuseum und der gotischen Rückansicht der Kirche am Hof oder in die Kurrentgasse, die zum Judenplatz führt. Dort berührt mich ein ums andere Mal das Mahnmal für die österreichischen jüdischen Opfer der Schoah der britischen Bildhauerin Rachel Whiteread.

## *Rund um den eckigen Ring*

Die Ringstraße mit ihren Monumentalbauten – kurz der Ring – ist eine der bekanntesten touristischen Attraktionen. Der 5,3 Kilometer lange Boulevard umschließt das Stadtzentrum und ist ein Straßenzug, der aus neun Teilen unterschiedlichen Namens besteht. Wenn man die unterste Verbindung entlang des Donaukanals, den Franz-Josefs-Kai, dazuzählt, sogar zehn. Ring ist es genau genommen auch keiner, sondern ein unsymmetrisches, sechseckiges Hufeisen, mit Kai achteckig. Wobei die Namen sich mit einer Ausnahme nicht an den Ecken, sondern irgendwo dazwischen ändern. So ein geschlossenes Ensemble von Bauwerken des klassischen und späten Historismus gibt es auf der ganzen Welt nicht noch einmal. Hier begegnet man vielen für Fortgeschrittene wohlbekannten Gebäuden, Palais und Parks.

Ich mache eine andere Reise um den Ring. Am besten hop on hop off mit einer der Ringlinien. Zu Fuß ist es zu weit, mit dem Fahrrad wäre es machbar, aber zu stressig. Start: Station Oper, Karlsplatz, an der ein Dutzend öffentlicher Verkehrslinien halten oder enden.

Am Opernring, nicht, wie man vermuten könnte, am Burgring, sehe ich auf der riesigen Anzeige des Burg Kinos von Weitem das heutige Programm. Das Burg Kino ist eines der ältesten noch betriebenen Kinos der Welt. Wie in einem Theater gibt es hier, einzigartig, einen Balkonraum. Es ist auf Filme in Originalversion spezialisiert und zeigt seit 1980 jedes Wochenende den Filmklassiker „The Third Man" mit Orson Welles in der englischen Fassung.

Am Burgring zeigen Wiener Museen ihre Schätze. Etwa in der Kunstkammer des Kunsthistorischen Museums, weltweit die bedeutendste ihrer Art, mit einer Unzahl an wunderbaren, oft kuriosen Objekten. Filigrane Elfenbeinarbeiten, unvorstellbar, mit welcher Kunstfertigkeit sie geschnitzt wurden,

magische Haifischzähne, außergewöhnliche Uhren, wissenschaftliche Instrumente und komplizierte Automaten. Mein Lieblingsobjekt: ein Schiff als Tafelaufsatz, das über den Tisch fährt, die Besatzung an Bord bewegt sich zu Musik und feuert eine Kanone ab.

Etwas ganz Besonderes ist auch die weltweit größte Papyrussammlung der Österreichischen Nationalbibliothek in der Neuen Burg. 180 000 Objekte aus rund dreitausendjähriger ägyptischer Geschichte werden hier ausgestellt. Großartig!

Noch ein Tipp: Hinter die Kulissen und in den Tiefspeicher des Naturhistorischen Museums kann man bei Sonderführungen blicken – in eine der Öffentlichkeit verborgene Welt.

Am Dr.-Karl-Renner-Ring mache ich einen Schwenk in die Meierei im Volksgarten, mit romantischem Gastgarten rund um einen kleinen Pavillon. Ich nehme hier mit Vorliebe ein Schnittlauchbrot, dazu eine aufgespritzte saure Milch. Bekommt man in Wien nur mehr selten. Das ist heute meine ausnahmsweise stationäre Wegzehrung. Dann spaziere ich am Theseustempel vorbei in den Rosengarten mit über 3000 Rosensträuchern.

Am Universitätsring ginge es in der Kantine des Burgtheaters gleich weiter, möglicherweise in greifbarer Nähe eines Burgtheaterstars. Die Kantine ist, wie auch andere Kantinen in Kunst- und Kulturtempeln sowie manchen Ministerien, öffentlich zugänglich. Im Rathaus gegenüber kann mit einem der letzten Wiener Paternoster gefahren werden, Sie wissen schon – Umlaufkabinen, rechtzeitig hinein- und hinausspringen, nicht ängstigen! Bis zum Rathausmann auf dem Dach fährt er nicht, sondern wendet gefahrlos weit darunter.

Am Schottenring steht die Alte Börse, prächtig von außen, in der Römischen Markthalle im Untergeschoß speist es sich vorzüglich im Restaurant Hansen, umgeben von Blumen, Pflanzen, Werkzeug und Deko eines trendigen Garten- und Homestyle-Geschäfts.

Der Franz-Josefs-Kai bildet vom Ringturm bis kurz vor der Urania eigentlich den unteren Abschluss der Ringstraße, gehört aber offiziell nicht zu ihr. Ich schmuggle den Kai aber hier hinein, wie auch die Urania, denn das wun-

derschöne Gebäude beherbergt wahre Schätze. Eine Sternwarte, ein Kino, ein Lokal mit herrlichem Blick auf den Donaukanal und Kasperl & Pezi, das kürzlich vor dem Zusperren – Krawuzikapuzi! – bewahrte traditionelle Wiener Puppentheater. Merci, André Heller!

Am Stubenring steht ein riesiges Regierungsgebäude, in dem ich mich oft verlaufen habe, weil die Zimmer in jedem Stockwerk dieselben Nummern tragen – Kafka lässt grüßen. Leider kommt man heute nur mehr mit Zugangsberechtigung hinein. Zugang für alle gibt es im Café Ministerium mit rot-plüschigem Interieur, gutbürgerlicher Küche und Stammpublikum aus dem Kreis der Beamtenschaft der nahen Ministerien. Im Café Prückel verkehrt ein gemischteres Publikum, im Souterrain residiert seit 2007 das Theater „KiP. Kunst im Prückel" mit Theater- und Literaturveranstaltungen.

Am Parkring kann im Gartenbaukino im größten Kinosaal Wiens mit 736 Sitzplätzen und Österreichs einziger Cinerama-Leinwand großes Kino erlebt werden. Es ist eines der ältesten und letzten noch betriebenen Einzelsaalkinos der Stadt. Sixties-Ambiente trifft auf modernste Technik. Für Filmfreaks: Seit einigen Jahren können hier wieder 70mm-Filme gespielt werden. Schon seit 1973 ist das Premierenkino die zentrale Spielstätte der Viennale, Österreichs größtem internationalem Filmfestival. Wer das Gartenbaukino noch nicht kennt, kennt Kino nicht wirklich. Es gibt immer einen guten Grund hinzugehen.

Am Schubertring bereitet das Küchenteam von Meissl & Schadn Schnitzel, Tafelspitz und Apfelstrudel so zu wie schon um die Jahrhundertwende. Sowie allerlei andere Wiener Köstlichkeiten und sogenannte Asietten,

Alt-Wiener Einschiebspeisen, zum Verkosten. Gespicktes Rahmherz mit Bröselknödel, mmmh! Einschiebspeisen nannte man früher kleine Zwischengänge, bevorzugt Innereien, die bis zum Auftragen des nächsten Ganges bei Laune halten sollten. In der offenen Salonküche kann man einmal pro Woche Wiener Schnitzel lernen.

Am Kärntner Ring, genauer gesagt knapp daneben, hat das Burgtheater seit den 1970er-Jahren im Kasino am Schwarzenbergplatz eine Dependance. Der ehemalige Festsaal des Wiener Militärkasinogebäudes ist zu einer architektonisch und inhaltlich ungewöhnlichen Spielstätte für Gegenwartsstücke, Projekte, „Gereimtes, Ungereimtes und Überkreuztes" geworden.

Zurück am Opernring erkundige ich mich in der Staatsoper, wenn geschlossen bei den nahe gelegenen Bundestheaterkassen, ob in nächster Zeit öffentliche Proben angesetzt sind. Eine gute und preisgünstige Gelegenheit, die meist ausverkauften Aufführungen schon vor der Premiere zu sehen. Karten gibt es auch online. Das Organisieren von Stehplatzkarten ist eine eigene Wissenschaft, in die man sich am besten von versierten Stehplatzlern einführen lässt.

## *Nobel herumstreunen*

Ich gehe gerne nach Schönbrunn. Nicht wie vier Millionen andere ins Schloss, das kenne ich zum Glück schon seit Langem, aber für einen ausgiebigen Spaziergang auf den kleinen Wegen in den wenig besuchten Ecken des Parks. Ich muss hier erwähnen, dass ich in der Nähe wohne, daher nicht extra hierherfahren muss, sonst würde ich vielleicht in einem anderen der vielen großartigen Parks in Wien ein Stück Natur genießen. Rund fünfzig Prozent der Stadt ist Grünraum, öffentlich zugänglich etwa ein Drittel. In jedem Wiener Bezirk gibt es mindestens einen Park.

Ich kenne natürlich einen Schleichweg nach Schönbrunn, auf dem zugleich ein Stück Alt-Hietzing mitgenommen werden kann. Von der U-Bahn-Station Hietzing (nicht Schönbrunn!) am besten in die menschliche Ameisenstraße einreihen, beim Eingang in den Park ausscheren und über das Hietzinger Platzl in die Altgasse gehen.

Auf dem Weg dorthin ein lang gezogenes Ensemble gelber, niedriger Häuser mit Pawlatschengängen an der Hinterfront, die Bäckenhäuser, seinerzeit vermutlich für die Bediensteten des kaiserlichen Hofs erbaut. Tipp: in einem dieser Hinterhöfe im romantischen Mini-Gastgarten der Cafe-Konditorei Aida eine Cremeschnitte nach dem Originalrezept des Firmengründers genießen! Eine Topfengolatsche als Wegzehrung stecke ich gerne in den Rucksack und biege rechts in die Altgasse ein.

Die Altgasse ist die älteste Straße im ursprünglichen Ortskern von Hietzing, dem noblen Wohnbezirk im Westen Wiens. Am Anfang der Gasse gibt es Biedermeier, am Ende Jugendstil. Ein paar Mal um die Ecke und ordentlich bergauf führt mich ein sehenswerter Schleichweg zunächst zum Hietzinger Friedhof. Ich gehe am liebsten via Wattmanngasse, vorbei am „Schokoladenhaus“ mit seinen etwas grotesken braunen Keramikreliefs, Schöpfer Ernst Lichtblau, ein Otto-Wagner-Schüler. Weiter oben nehme ich die schmale, heckengesäumte Weidlichgasse hinüber zur Maxingstraße, es geht weiter aufwärts zum Eingang des Friedhofs.

Am Hietzinger Friedhof – man ist geneigt zu sagen einem dem Nobelbezirk entsprechenden Nobelfriedhof – liegen Gräber von Prominenz aus Kunst, Industrie, Wissenschaft und Politik, auch Widerstandskämpfer und alter österreichischer Adel. Sogar Jean Baptiste Cléry, der letzte Kammerdiener Ludwigs XVI., ist hier begraben. Am bekanntesten sind die Gräber von Franz Grillparzer, Kolo Moser und Gustav Klimt sowie Otto Wagner, dessen berühmte Kirche am Steinhof bei gutem Wetter auf den Hügeln vis-à-vis zu sehen ist.

Mein letztes Stück Schleichweg in die kaiserlichen Gefilde beginnt beim Maxingpark, etwas unterhalb des Friedhofs. Entlang der Ummauerung des Schönbrunner Parks führt ein schöner Waldweg, wieder ordentlich bergauf, zum Tiroler Weg und über die Gloriettestraße direttissimo zur 1775 erbauten, größten aller Glorietten.

Von der Hügelkuppe, auf der sie steht, eröffnet sich der beste Blick über Schönbrunn und weiter hinaus über Wien. Achtung crowded! Darum schnell hinein und hinab in die kleinen Waldwege, da ist es entspannter. Drei Lieblingsplätze im Parterre habe ich: den kleinen Weingarten Liesenpfennig, wo auf 1000 Quadratmetern Rebstöcke für den klassischen Wiener Gemischten Satz gepflanzt sind. Den gab es schon zur Habsburgerzeit, Wiener Winzer haben ihn wiederbelebt. Zweiter Lieblingsort: die Zitruspflanzen im Kronprinzengarten, nur im Sommer, im Winter stehen sie in den Glashäusern. Zu guter Letzt das Rosarium, schon auf dem Weg zum Ausgang beim Hietzinger Tor. Das Palmenhaus, eines der drei weltweit größten, nehmen wir noch mit, weil es eine solche Pracht ist. Auf einem Bankerl beiße ich genussvoll in meine Topfengolatsche.

Heute absolviere ich noch meinen Lieblingsspaziergang nahe Schönbrunn, im Villenviertel Hietzings. Dort sind wie in einem Freilichtmuseum Wohnbauten der Wiener Moderne versammelt. Darunter sieben Einfamilienhäuser von Adolf Loos. Provokateur und im Clinch mit den führenden Vertretern der Wiener Werkstätte, allen voran Josef Hoffmann, und all jenen, die Häuser mit unnötigem Zierrat versahen. „Ornament und Verbrechen" heißt folgerichtig einer seiner aufsehenerregenden Essays. Karl Kraus meinte, ihn und Loos verbinde, dass sie gezeigt hätten, dass „zwischen einer Urne und einem Nachttopf ein Unterschied ist und in diesem Unterschied erst die Kultur Spielraum hat". Es ging ihm um kompromisslose Zweckmäßigkeit, seine Bauten betrachtete er als Kampfansage „an die dekadente und in kunsthistorischen Stilen bewußtlos imitativ frönende Millionärsklasse". Für Skandale war gesorgt. Er selbst kam bei seinen Bauten mit winzigen Flächen, billigen Baustoffen und einem bestechenden Raumplan aus – hat aber durchaus auch Repräsentationsbauten für das Großbürgertum geplant.

Seine Hietzinger Häuser können, da bewohnt, nur von außen betrachtet werden, vermögen aber auch so sein Konzept ein wenig zu vermitteln. Rundherum verstreut stehen auch weitere Juwelen der Moderne, erbaut von Josef Frank und dem slowenischen Architekten Jože Plečnik.

Der günstigste Ausgangspunkt für einen Spaziergang ist die Endhaltestelle der Straßenbahnlinie 10, in die ich, vom Hietzinger Tor kommend, nach einem kurzen Spaziergang über die Hietzinger Hauptstraße bei der Station Dommayergasse einsteige.

Von der Endhaltestelle des 10er fünf Minuten entfernt kann das letzte Wiener Atelier Gustav Klimts, die Klimt Villa, besichtigt werden, am Wochenende mit Führung. Von der St.-Veit-Gasse aus gehe ich nach Lust, Laune und Fassungsvermögen – hier kann man stundenlang schöne Häuser schauen – schlangenförmig durch das Viertel. Jedenfalls zum Haus Scheu von Adolf Loos, dem ersten Terrassenhaus Mitteleuropas, zum Haus Strasser, bei dem Loos erstmals seinen bestechenden Raumplan umsetzte, zum Haus Horner, mit dem halbtonnenförmigen Kupferdach höchst eigenwillig, und zum Haus Rufer mit der Kopie eines Parthenon-Reliefs an der Fassade.

Am Jugendstil Interessierte finden schöne Villen in der Elßlergasse, Larochegasse, Münichreiterstraße und Beckgasse, darunter das Erstlingswerk vom erwähnten Jože Plečnik, auch ein Otto-Wagner-Schüler. Sehenswert ist auch das Gymnasium in der Wenzgasse, ein interessanter Schulbau der 1930er-Jahre. Und, und, und …

Ein Gustostückerl in der Wenzgasse ist das Haus Beer, erbaut von Josef Frank und Oskar Wlach, Mitbegründer der Wiener Schule der Architektur, Leiter des Baus der Internationalen Werkbundsiedlung im 13. Bezirk. Diese liegt einen 30-minütigen Spaziergang entfernt, mit dem Bus sind es ca. 10 Minuten. Absolut lohnenswert. Vergnüglich ausklingen lässt sich der Rundgang im Heurigen zur Wildsau beim nahe gelegenen Lainzer Tiergarten, Blick über Wien inklusive.

# DIE STRECKE

1 ¼ h WEGZEIT
1 Stephansdom
2 Blutgassenviertel
3 Franziskanerplatz
4 Alte Universität
5 Heiligenkreuzerhof
6 Postsparkasse
7 Café Bräunerhof
8 Prunksaal Nationalbibliothek
9 Café Korb
10 Altes Rathaus
11 Maria am Gestade
12 Am Hof
13 Judenplatz
½ h FAHRTZEIT
A Burgkino
B Nationalbibliothek
C Volksgarten
D Rathaus
E Burgtheater
F Alte Börse
G Ringturm
H Urania
I Ehemaliges Kriegsministerium
J Gartenbaukino
K Kasino am Schwarzenbergplatz
L Staatsoper
0 200 400
Währinger Straße
Votivpark
Schottenring
Zelinkagasse
Neutorgasse
Salzgries
Helfers-torferstr.
Tiefer Graben
Freyung
Donaukanal
Schwedenplatz
Rotenturmstraße
Universitätsring
Herrengasse
Am Hof
Brand-stätte
Volksgarten
Stephansplatz
Wollzeile
Hofburg
Reitschulgasse
Zedlitzgasse
Wienfluss
Heldenplatz
Weihburggasse
Burgring
Burggarten
Neuer Markt
Johannesgasse
Museumsplatz
Kärntner Str.
Parkring
Stadtpark
Opernring
Mahlerstraße
Kärntner Ring
Getreidemarkt
Schwarzenberg-platz
Karlsplatz
U4
nach Schönbrunn
Hietzinger Kai
Hadikgasse
Wittegasse
Auhofstraße
Dom-mayer-gasse
LINIE 10
Hietzinger Hauptstraße
Hietzing
U4
Kupelwiesergasse
Lainzer Straße
Sankt-Veit-Gasse
Münichreiterstraße
Larochegasse
Beckgasse
Trauttmans-dorffgasse
Palmenhaus
Schloss Schönbrunn
Schlosspark
Wattmanngasse
Tiroler Gasse
Tiergarten Schönbrunn
Maxingstraße
Schönbrunn Gloriette
Friedhof Hietzing
0 200 400
2 h WEGZEIT
1 U4-Station Hietzing
2 Schokoladenhaus
3 Friedhof Hietzing
4 Schönbrunn Gloriette
5 Palmenhaus
6 Linie 10 Dommayergasse
7 Linie 10 Unter St. Veit, Verbindungsbahn
8 Klimt Villa
9 Haus Jože Plečnik
10 Hügelpark
11 Loos Haus Scheu
12 Loos Haus Beer

## Nützliche Informationen

Dachbodenführungen auf den Stephansdom von Juli bis September bei Schönwetter samstags um 19 Uhr. Treffpunkt beim Südturmaufgang, Tickets direkt beim Domführer, Dauer ein bis eineinhalb Stunden.

## Der besondere Tipp

Lackstätter Geschirr und Haushaltsgeräte, (1.), Wollzeile 18, Pilgerstätte für alle Kochaffinen. Klein, preiswert, mit einer Überfülle an Artikeln, auch solchen, die man im regulären Handel nicht oder nicht mehr findet. Darunter Keksausstecher in rund 800 verschiedenen Formen.

## Kultur

Hochkultur zum Null- oder Billigtarif: In allen Bundesmuseen ist der Eintritt für unter 19-Jährige kostenlos. Gratiseintritt und Ermäßigungen gibt es auch in vielen anderen Museen, etwa am ersten Sonntag im Monat. Infos: www.wien.gv.at/kultur-freizeit/gratismuseum.html. In den Opernhäusern und großen Theatern sind immer wieder günstige Generalprobenkarten erhältlich. Im April, Mai, Juni und September werden Aufführungen der Staatoper live auf einer Videowall vor der Oper übertragen. Im Burgtheater gibt es am 13. jedes Monats Karten um 13 Euro in der 13. Reihe. Hochwertige Sakralmusik, u. a. von Mozart, Haydn und Schubert, kann sonntags um 11 Uhr beim Hochamt in der Augustinerkirche im ersten Bezirk genossen werden.

## Lieblingslokale

„Zum finsteren Stern" im Palais Collalto, (1.), Schulhof 8, in einem der ältesten Viertel der Stadt. Ella de Silva kocht seit fast 20 Jahren hervorragende mediterrane Gerichte. Großartiges Ambiente in alten Gewölben und im romantischen Schanigarten auf dem historischen Platz.

## Wegzehrung

Am liebsten vom Buongustaio in der Singerstraße 13 oder dem Cin Cin, einer Mini-Tagesbar auf der Schottenbastei 2. Italienfeeling pur (beide 1.). Das Cin Cin hat Altmeister Hermann Czech gestaltet.

## Und was ich noch sagen wollte …

Die Zitrussammlung im Schlosspark Schönbrunn gehört zu den ältesten und größten Mitteleuropas. 500 Pflanzen von 100 verschiedenen Sorten, darunter 40 historische, gibt es mittlerweile.

Im Sommer steht ein Teil davon im Kronprinzengarten, den Winter verbringen sie in den Glashäusern. Führungen gibt es im Frühjahr zur Blüte und Anfang Dezember. Jeden Mai, bei den Zitrustagen in der Orangerie, können einzelne Exemplare auch erworben werden.

34 – 53

# Aufschwung im Vierteltakt

***Von der Planstadt am See zum Trabrennen im Grünen***

Seestadt Aspern – Holzhochhaus Wien – Gedenkwald – Manifattura del Gelato – Hannah-Arendt-Park – Bildungscampus Seestadt Aspern – Holzwohnbau Maria-Tusch-Straße – Seeseiten Buchhandlung – Seepark – Viertel Zwei – Trabrennbahn Krieau – Campus WU – Toboggan Wurstelprater

1 ½ STUNDEN WEGZEIT

*Eines der größten Städtebauvorhaben Europas auf historischem Boden in Transdanubien. Eine neue Stadt in der Stadt mit eigenem See. HoHo Wien, das derzeit zweitgrößte Holzhochhaus der Welt, PopUp dorms im Überseecontainer, preisgünstig und wie gemacht für Studierende. Das Viertel Zwei am Praterrand, ein weiterer neuer Stadtteil, mit Teich, einer vergnüglichen Freiluftgalerie und Hochhäusern namens Weitblick und Grünblick. Der Campus der Wirtschaftsuniversität Wien, ein architektonisches Schmankerl, bei dem sich herausragende Architektinnen und Architekten verewigen konnten. Die Krieau, eine denkmalgeschützte Trabrennbahn mit Sonntagsrennen und einzigartigem Zauber.*

HOCH
ZWEI
PLUS
ZWEI
HOTEL
ZWEI
BIZ
ZWEI
STELLA
ZWEI
RUND
VIER

## *Mit der Panoramabahn nach Somewhere*

Schon ein bisschen arg weit draußen, meinen Innenstädter und alteingesessene Wiener, die neue Seestadt Aspern in der Donaustadt. Wie man es nimmt: Eine gute halbe Stunde braucht die U-Bahn ab Karlsplatz, etwa zehn Minuten länger als nach Schönbrunn.

Dort in Transdanubien, das in vielen Köpfen noch nicht wirklich als Teil Wiens angekommen ist, schießt eines der umfangreichsten Entwicklungsprojekte Europas der 2010er-Jahre förmlich aus dem Boden. Auf dem Areal des früheren Flughafen Aspern, 1912 der größte und modernste Flughafen Europas, kann man seit mehreren Jahren wohnen, arbeiten und im hauseigenen See baden. Bis zum Jahr 2028 sollen Wohnungen für 20 000 Menschen und ebenso viele Arbeitsplätze entstehen. Der Name gemahnt an die Schlacht bei Aspern, in der Napoleon I. 1809 von der österreichischen Armee besiegt wurde. Darauf blickt man heute noch stolz zurück, auch wenn kurz danach eine wichtige Schlacht gegen ihn verloren wurde.

Die Seestadt spaltet: „Eines der innovativsten Stadtentwicklungsgebiete Europas", schwärmen die einen, andere bemängeln die „bemühte Architektur, mit gesichtslosen Wohnbauten, die überdimensionierten Räume" und dass von der Idee eines „lebendigen, urbanen Ortes" noch wenig zu sehen sei. Fakt ist, dass sie als Modell schon mehrfach preisgekrönt wurde und die, die schon länger hier wohnen, dies sehr gerne tun.

Von Zeit zu Zeit mache ich dort eine Art Lokalaugenschein. Also ab in die lila U-Bahn. Zwar keine kurze, aber eine kurzweilige Fahrt. Nach der Station Messe-Prater taucht sie aus dem Untergrund auf und wird auf der Hochtrasse gleichsam zur Panoramabahn. Der OMV-Tower des Viertel Zwei und das Ernst-Happel-Sportstadion ziehen wie in einem Film vorbei, bei der Donaumarina eine erste Begegnung mit der Donau. Auf der Donaustadtbrücke erhascht man einen Blick auf die Skyline der Donau City, der neugierig auf einen Besuch macht.

Nach dem Donauspital rauscht die U-Bahn an der von Roland Rainer erbauten Siedlung Tamariskengasse vorbei, weiß verputzt mit weißen Holzfenstern und -türen. Dann an Glashäusern, riesigen Gemüsegärten, unverbauten Feldern, die Besiedelung wird immer spärlicher. Bei der Station Aspern Nord staubiges Brachland im Nirgendwo, Baustellen, Kräne im weitgehend fertiggestellten Seestadtteil. Von hier aus ist man mit der Marchegger Ostbahn in einer Stunde in Bratislava. In der Station gibt es ein absolut sehenswertes Kunstwerk zur Asperner Historie. Ein Zwischenstopp lohnt sich. Dann taucht in einer lang gezogenen Rechtskurve das Holzhochhaus auf, ich bin da.

## *Frauenstadt Seestadt*

Erste Überraschung: Ich lande auf der Janis-Joplin-Promenade, ein unerwarteter Name für diese Gegend. Keine Einzelgängerin. Mit einer Ausnahme wurden die Straßen der Seestadt nach bedeutenden Frauen benannt, ein kleiner Ausgleich dafür, dass sonst in Wien männliche Straßennamen weit in der Überzahl sind. Die Promenade führt entlang des Seeparks, der See, Herzstück des Viertels, glitzert durch. Sehr verlockend, es ist sehr warm heute, aber vielleicht später. Eine städtebauliche Besonderheit: Der See wie auch die U-Bahn-Verbindung in die Stadt waren beim Bezug der ersten Wohnungen bereits fertiggestellt. Über die Seestadtstraße gehe ich Richtung Sonnenallee, derzeit ein halber, später ein ganzer Ring, der den inneren Teil der Seestadt umrunden wird. Noch ist erst ein Drittel der Seestadt gebaut. Eine Art Ansage: Ringstraße, das können wir in der Peripherie auch.

Gleich rechts das Seeparkquartier und ein Highlight: das HoHo, Holzhochhaus Wien, genau genommen zwei unterschiedlich hohe Gebäudeteile. Mit 24 Etagen auf 84 Metern Höhe versteht es sich als derzeit weltweit höchstes Holzhaus oder, nach anderer Sichtweise, nur als zweithöchstes, da es nicht vollständig aus Holz gebaut wurde. Demnach stünde das höchste Holzhochhaus in Norwegen.

Entlang des Seeparks entstand ein durchmischtes städtisches Viertel bestehend aus vierzehn Bauprojekten, darunter fünf Hochhäuser. Living Garden ist eines der grünsten davon, mit rankenden Kletterpflanzen an den Fassaden und Urban Gardening auf der Gemeinschaftsterrasse. Weiter entlang der Seestadtstraße steht das allererste Haus des Stadtviertels, das Technologiezentrum Seestadt. Hier wird seit 2012 die Smart Energy erprobt: Teil des Konzepts ist, dass aus Abwärme von Menschen und Computern mehr Energie erzeugt als verbraucht wird. Das Konzept wird beispielsweise auch im HoHo, im Bildungscampus Seestadt Aspern und im energieeffizientesten Studierendenwohnheim der Welt, dem GreenHouse, umgesetzt. Ein kurzes Stück weiter: Gedenkwald und Gedenkstein für 65 000 Opfer des Nationalsozialismus, für die 400 Wiener Schülerinnen und Schüler seit 1987 65 000 Bäume gepflanzt haben.

Wieder zurück Richtung HoHo biege ich bei der Christine-Touaillon-Straße ab, treffe unterwegs auf Computerpionierin Ada Lovelace und gehe weiter zu Edith Piaf. Knapp davor zieht mich die Manifattura del Gelato, seit Kurzem Produktionsstätte des Eissalons am Schwedenplatz, wie ein Magnet an. Ein Tipp für alle, die auch im Winter nur frisches Eis mögen. Gerne weitersagen.

In der Seestadt ist noch nicht alles festgezurrt, leer stehende Parzellen werden bis zur Bebauung temporär genutzt. Es kann also sein, dass, wenn

Sie dieses Buch in Händen halten, manches nicht mehr an Ort und Stelle ist. Wie die PopUp dorms, ein mobiles Studierendenheim, bestehend aus kleinen Wohngemeinschaften in umgebauten Überseecontainern. Das erste seiner Art in Österreich. Sobald der Bauplatz gebraucht wird, wird jede einzelne WG per Kran auf einen Tieflader verfrachtet und an einen neuen Standplatz gebracht. Moving Houses, ähnlich wie in den USA.

Jetzt wird es Zeit für eine kleine Stärkung. Im Unterschied zu früheren Besuchen, als man ohne mitgebrachten Proviant aufgeschmissen war, gibt es mittlerweile einige nette Lokale. Das Café United in Cycling, eine Kombination aus Café und Fahrradwerkstatt, liegt auf dem Weg zum Hannah-Arendt-Park. Julian wollte mit dem Fahrrad die Welt erkunden, Patrick in einem Bergdorf Italiens an Rädern schrauben, Fernanda in Brasilien einfach nur Kuchen backen. Sie fanden in Aspern zusammen. Motto: „Du trinkst Kaffee, wir reparieren." Ich habe nichts zu reparieren, aber nehme gerne einen Espresso aus brasilianischen Bohnen, natürlich bio. Die „Seestadt Blend"-Mischung gibt es auch zu kaufen.

Im Hannah-Arendt-Park ist es noch ein wenig öd. Die Einfassungsmauer des Rasens mit dem Hannah Arendt zugeschriebenen Zitat „Niemand hat das Recht zu gehorchen" ist ein ziemlich kecker Spruch in einem Wiener Park. Statt sonst üblicher Verbote ist hier Gehorchen verboten. Ziemlich gut, auch wenn nicht Hannah Arendt die Urheberin ist, sondern Immanuel Kant, und das Zitat genau genommen ein klein wenig anders lautet. Arendt hat ihn bloß in einem Gespräch zitiert. In den Gemeinschaftsgärten des Madame-d'Ora-Parks garteln Wienerinnen und Wiener gemeinsam mit Zugereisten aus fernen Ländern. „Das soziale Leben muss sich aber noch etwas mehr entwickeln", meint eine Anrainerin.

Sehr gerne mag ich auch den Bildungscampus, in dem behinderte und nicht behinderte Kinder mit- und voneinander lernen, und das für mich derzeit ansprechendste Bauprojekt, die Holzwohnhäuser in der Maria-Tusch-Straße. Hintereinander gestaffelt, mit Loggien, grünen Höfen, untereinander verbunden, Leichtigkeit ausstrahlend. Die Maria-Tusch-Straße: Je näher man ihr kommt, desto mehr ist im sonst nicht sonderlich belebten Viertel los. Hier liegen viele kleine Geschäfte nebeneinander, Shoppingzentren gibt es nicht.

Sie ist ein Unikat – die erste gemanagte Einkaufsstraße Österreichs. Heißt, dass sie von einer Einkaufsstraßen-Gesellschaft koordiniert wird, alle Geschäfte und Lokale in den Erdgeschoßzonen der Wohngebäude untergebracht sind und das Angebot der Nachfrage angepasst wird. So soll eine Stadt der kurzen (Fuß-)Wege umgesetzt werden. Größere Einkäufe können mit den kostenfreien Lastenrädern und E-Bikes der SeestadtFlotte erledigt werden.

Über die Ilse-Arlt-Straße komme ich wieder auf die Janis-Joplin-Promenade zurück, schaue kurz in die Seeseiten Buchhandlung, gleichzeitig Grätzel-Treffpunkt, dort bekommt man, wenn man will, einen Kaffee und findet immer jemanden zum Plaudern. Draußen gehen Leute in und mit ihren Badesachen vorbei zum See, wie an einem Urlaubsort. Das türkisfarbene Wasser ist weiter draußen noch von Feldern und Erde umgeben. Wer wenig Gesellschaft mag, findet auch ruhige Plätzchen. Ein älterer Herr zieht sein Badetuch aus dem Rucksack, gegenüber liegt ein junges Paar in der Sonne. Das hat schon was, am liebsten würde ich auch einen Sprung in den See wagen (wobei, dafür ist er in Ufernähe nicht tief genug). Kurze Sitzpause, die Seele baumeln lassen, dann hinauf zur U-Bahn, ich lasse die Seestadt hinter mir. Sie ist wieder ein Stück größer geworden, nimmt Form an, wächst sich wortwörtlich ein oder, schöner gesagt: „Es entfaltet sich vor unseren Augen die ewige Geschichte vom Werden des Urbanen", auch mit all seinen Fehlern. Seien wir gerecht: Auch das alte Wien war einmal neu, sagte es Karl Kraus einst sinngemäß. Auch die Gründerzeitviertel sind seinerzeit aus der Retorte gekommen und heute ein unverzichtbarer Teil des Wiener Stadtbildes.

## *Mit dem Sulky ins Viertel Zwei*

Viertel Zwei: In Wien ist damit eine Viertelstunde nach 13 Uhr, also 13:15 Uhr, gemeint. Für Zugereiste wie mich wäre das Viertel nach eins, es verwirrt mich. Um meine Dates zeitlich richtig hinzukriegen, frage ich sicherheitshalber immer nach. Stirnrunzeln bei den Wienerinnen und Wienern, ist doch eh alles klar! „Viertel Zwei“ ist aber neuerdings, ohne Bezug zur wienerischen Zeitkaprize, auch ein außergewöhnliches neues Stadtviertel, zuvor Niemandsland, im nordöstlichen Teil des zweiten Wiener Gemeindebezirks, der Leopoldstadt. Mit Büro- und Geschäftsflächen, Wohnungen, Apartments für Studierende sowie Hotels. Es ist schon weit gediehen, bis 2023 soll es fertig sein.

Das Viertel Zwei liegt in direkter Nachbarschaft zum Grünen Prater, zur hypermodernen neuen Wirtschaftsuniversität Wien und zur geschichtsträchtigen, etwas in die Jahre gekommenen Trabrennbahn Krieau, auf der sonntags nach wie vor Rennbetrieb ist. Aus der Symbiose von Alt und Neu, Coolness und Verschrobenheit, Natur und Urbanität, ist im Viertel Zwei eine einzigartige Atmosphäre entstanden, in der ich mich unglaublich wohl fühle. In seiner harmonischen Verbindung von Alt und Neu entstehen in Wien schier magische Orte, so auch hier. Einer meiner Lieblingsorte in Wien.

Ich steige an der U-Bahn-Haltestelle Krieau aus. Hier steht das derzeit wohl markanteste, mit seinen 80 Metern (noch) höchste Gebäude des Viertels: das Bürohochhaus Hoch Zwei, zusammen mit dem dazugehörigen Gebäude Plus Zwei das Headquarter der Österreichischen Mineralölverwaltung OMV.

Es erinnert an ein überdimensioniertes Segel. Oder, so sieht es Dieter Henke, zusammen mit Marta Schreieck für die Architektur verantwortlich, „an ein Kipferl“. Ein Kipferl aus Glas und Stahl, dennoch nicht abweisend. Davor grüne, geschwungene Sitzobjekte des Künstlerpaares Franziska und Lois Weinberger, die Österreich 2009 bei der Biennale in Venedig vertreten haben.

Mich zieht es aber zum Wasser. Herzstück des Viertels ist ein 5000 Quadratmeter großer, künstlich angelegter Teich zwischen den Gebäuden, die sich darin spiegeln, die beiden Ufer sind mit einer Stegbrücke verbunden. Im Wasser kleine grüne Inseln, darauf Bäume. Eine Idylle, autofrei, kunstvoll bepflanzt, Liegestühle am Ufer, ein Ort der Entspannung und Kontemplation. Das Viertel wächst. Ich schaue mich um. An der einen Uferpromenade stehen kantige Bauten wie Plus Zwei, BIZ Zwei und das Wohngebäude Stella Zwei, wo am Balkon Tomaten gezogen werden. Die Spielerei mit der Zahl Zwei, eine Hommage an den zweiten Bezirk. Auf der anderen Seite als Gegengewicht das Hotel Zwei und die Bürobauten Rund Vier, wieder Kipferln oder, etwas poetischer gesagt, Sichelmonde. Sozusagen ein Selbstzitat der Architekten Henke und Schreieck und ihres OMV-Turms. An der südlichen Uferkante steht ein renoviertes Backsteinhaus aus dem Jahr 1910, ein ehemaliges Lagerhaus, jetzt Loft Zwei. Wäre noch das Wohnprojekt RONDO in direkter Nachbarschaft zum Grünen Prater, die runde Form der sieben Häuser steht für das Schöne im Leben, für das Vergnügen und für die Natur. Jede der 201 Wohnungen besitzt umlaufende Terrassen mit ausreichend Platz für Begrünung. Das Studio Zwei, das erste Vertical Green Building Österreichs, liegt direkt an der Trabrennbahn Krieau. Alles Architektur vom Feinsten.

Ein weiterer Eyecatcher ist der Skulpturenpark rund um den See, nach einer Idee einer Wiener Galeristin und eines Immobilienentwicklers. Ein Bronzehase, ein gelbes Ei, ein Wellenbrecher am Ufer des Sees, hier wohl ein Kunstwerk ohne Funktion. „Total living" in pinken Großbuchstaben, wie eine Losung für das neue Viertel.

Ich gehe weiter zum Stella-Klein-Löw-Weg, schnuppere. Hier riecht es eindeutig nach Pferd. Etwas eingeklemmt zwischen den neuen Bauten und dem Prater eröffnet sich ein großes grünes Oval, rundum eine Sandbahn, die Trabrennbahn Krieau. Sie ist nach dem Hippodrom in Moskau die zweitälteste noch in Betrieb befindliche Bahn der Welt. Länge 1000 Meter, Breite: acht Pferde je Startreihe. Ein denkmalgeschützter Schiedsrichterturm, Baujahr 1919. Die in den 1910er-Jahren erbauten Tribünen sind dreistöckige Stahlbetonbauten, die Ehrentribüne zieren bunte Majolika-Reliefs im Stil der Wiener Werkstätte. 1874 wurde der Wiener Trabrennverein gegründet, vier Jahre später die Trabrennbahn eröffnet. Die Rennen hatten vorher in der Prater Hauptallee stattgefunden und wurden nun hierher verlegt.

Ein Gespann dreht einsam seine Runden, ein Fahrer führt sein abgeschirrtes Pferd in den Stall. An dem lehnen alte „Sulkys", wie die Trabrenngespanne genannt werden. Die Stallungen, teilweise denkmalgeschützt, sind ein wenig in die Jahre gekommen. An der Absperrung zur Rennbahn ein abgeblättertes Metallschild: „Vorsicht!!! Während des Startvorganges zurücktreten!" Beim Start eines Rennens geht es manchmal etwas wild zu. Der Krieauwirt, einfache Wiener Küche, gemischtes Publikum, an Sonntagen, wenn Renntag ist, ausnahmsweise auch geöffnet. Unsichere Zukunft, wie auch jene der Krieau. Der neue Stadtteil braucht Platz. Geplant sind zwei Hochhäuser, Grünblick und Weitblick, das eine 90, das andere 120 Meter hoch. Eine neue Skyline für den zweiten Bezirk, in Sichtachse zu einem neuen Stadtviertel in Erdberg, jenseits des Donaukanals.

Nicht denkmalgeschützte Stallungen sind schon abgerissen, hinter der Tribüne entstehen neue. Die denkmalgeschützten werden originalgetreu renoviert und einer neuen Bestimmung zugeführt. Die Haupttribüne, ebenfalls denkmalgeschützt, bleibt, die schon länger ungenutzten Nebentribünen werden saniert und um einen Büro-Neubau erweitert.

Ob die Trabrennbahn weiter genutzt wird, hänge vom Publikumsinteresse ab, so Peter Truzla, Präsident des Trabrennvereins. Vielleicht kämen durch die neuen Nachbarn wieder mehr Gäste. Diese wären dringend notwendig. Wer nicht hingeht, versäume etwas. Spektakulär seien die Abendrennen vor der beleuchteten Skyline. Wenn so ein Rennen an einen Wettanbieter in Frankreich übertragen wird, kämen immer Zuschriften, ob das Rennen in New York stattgefunden habe. Das glaube keiner, dass das mitten in Wien sei, so Truzla.

# *Debakel für Kurt Cobain*

6. Oktober 2019, 15:45 Uhr. Rennsonntag in der Krieau. Großer Preis des Trabersportclubs um die Goldene Peitsche. Ich komme zum fünften von acht Rennen, zugelassen für drei- bis 14-jährige Pferde, allesamt Traber aus eigener Zucht. Traberpferde beginnen ihre Karriere mit zwei Jahren, Stuten beenden sie mit zehn, Hengste mit 14 Jahren. Also ein Rennen für fast alle Altersgruppen.

Etwas außer Atem erreiche ich den Eingang zur Rennbahn. Wegen der Bauarbeiten ist sie nur über einen Umweg gegenüber dem Happel-Stadion zu erreichen, zu „meinem" Rennen muss ich mich ein wenig beeilen. Schnell ein Ticket, fünf Euro Eintritt, die üblichen Vergünstigungen, Kinder umsonst. Ein sehr preiswertes Sonntagsvergnügen. Für eine Loge im zweiten Obergeschoß müsste ich etwas drauflegen. Dort sitzt man gemütlich im Warmen, verfolgt das Rennen hinter Glas und auf eigenen Bildschirmen an den Tischen.

Schon eilt mir ein beflissener junger Mann von einem Infostand entgegen und bietet mir eine kleine Einführung an: wie gewettet werden kann, was der Unterschied zwischen Siegwette und Platzwette, zwischen Bänderstart und Autostart ist, weswegen ein Pferd wann disqualifiziert wird und anderes Wissenswertes über den Rennablauf. In der Zeitschrift „Krieau aktuell" seien die heutigen Rennen samt Startern aufgelistet. Meine Wahl stand schon vorher fest: Ich setze auf Kurt Cobain, einen Außenseiter im Starterfeld. Ich habe für Außenseiter grundsätzlich etwas übrig, und unter Umständen bringen sie einem den höchsten Gewinn. Ob Kurt gegen Wonder Boy, mehrere Pferde mit Nachnamen Venus, Iron Beuckenswijk und weitere drei Traber wohl eine Chance hat? Ich eile zur Totokasse, geht sich gerade noch aus, Mindesteinsatz ein Euro, ich bin mit fünf Euro dabei. Auf Sieg. Beim Coffee-Bike direkt an der Rennbahn hole ich mir noch einen Espresso, Topqualität.

Auf der Tribüne pfeift ein kühler Wind, ich mag dennoch nicht ins Warme gehen, will das Rennen möglichst hautnah erleben. Ein Grüppchen junger Männer und Frauen, Bündel an Wettscheinen in der Hand, diskutiert lebhaft über ihre Wetttipps, die Monitore an der Rennbahn im Auge behaltend. Dort wird laufend angezeigt, welchem Pferd das Wettpublikum die größten Siegeschancen einräumt. Schnell werden noch ein paar Tipps revidiert. Dazwischen ein Glas Weißwein. Erstaunlich viele Junge sind heute hier. Sonst gehört hier eher die Generation 60 plus zum Stammpublikum, sie lässt es an der Schank im Erdgeschoß, an den Tischen vor den Wettschaltern gemütlich angehen, die Rennbahn stets im Blick. Wettmagazin, Sonntagszeitung und, natürlich, Wettscheine vor sich ausgebreitet. Die Jungen sind früher mit ihren Vätern hergekommen und halten die Tradition, hier einen netten Sonntag gepaart mit etwas Nervenkitzel zu genießen, weiter aufrecht.

Die Pferde laufen, nein traben, so heißt die geforderte Gangart, gemütlich in die Bahn ein. Ihr Jockey sitzt in einem leichten Wagen mit zwei Rädern, dem Sulky, hinter ihnen. Sie drehen ein paar Aufwärmrunden, werden einzeln vorgestellt, dann zur Startaufstellung geführt. Nervöses Tänzeln, das Rennfieber wird spürbar. Ein Fahrzeug mit zwei ausgebreiteten Gitterflügeln fährt vor den Pferden her, sobald sie zugeklappt werden, donnern die Gespanne los. Zwei Runden, 2000 Meter, in weniger als eineinhalb Minuten. Kurt hält anfangs ganz gut mit. Für mich das hübscheste Pferd, mit blauen, gehäkelten Ohrenkappen, die den hektischen Lärm etwas dämpfen sollen. In der zweiten Runde beginnt er zu schwächeln, ich feuere ihn an, sehe aber jetzt schon, dass ein Debakel droht. Auf der Videowall ist es unübersehbar: Er fällt zurück, kommt, weit abgeschlagen, als Letzter ins Ziel. Ich zerknülle meinen Wettschein. Nach dieser schweren Niederlage schaue ich mir heute kein weiteres Rennen mehr an, obwohl ich ganz gerne sehen würde, wie es James Brown und Kronprinz Rudolf ergeht. Mir ist ein wenig kalt.

## *Studieren in einer architektonischen Landmarke*

Hinter dem Glashaus, einem vorzüglichen Lokal nahe der Rennbahn, betrete ich die faszinierende Welt des Campus der Wirtschaftsuniversität Wien. Mit sechs Gebäuden auf rund 90 000 Quadratmetern ist es eines der größten universitären Bauprojekte Europas, mit der in Wien wohl dichtesten Mischung spektakulärer Architektur von Weltrang. Laura Spinadel, Auslandsösterreicherin mit Latino-Touch (Selbstbezeichnung!), hat mit ihrem Kollektiv BUSarchitektur den Masterplan erstellt und setzte ihn zusammen mit fünf weiteren renommierten Architekturbüros aus aller Welt um. Die Hälfte der Entwürfe stammt aus der Hand von Architektinnen.

Seit 2013 residiert die Wirtschaftsuniversität Wien, im allgemeinen Sprachgebrauch WU, am neuen Campus im südwestlichen Teil des einstigen Weltausstellungs- und späteren Messegeländes am Nordrand des Wiener Praters. Eine Wirtschaftsuniversität von Weltrang. Rund 30 000 Menschen studieren und arbeiten heute dort.

Laura Spinadel wollte einen magischen Ort schaffen, wie sie sagt, an dem sie selbst gerne studiert hätte. Anders als während ihres Studiums unter der argentinischen Militärdiktatur in Buenos Aires. Es habe dort keinen Ort gegeben, „wo man frei reden konnte. Keine Möglichkeit, dem eigenen Wohlbefinden und der eigenen Neugier nachzugehen“. Einen Ort, an dem das möglich ist, wollte sie mit der WU erschaffen. Das scheint gelungen. Es herrscht buntes Leben, Bewegung, die Hörsäle sind voll, die Lokale und kleinen Shops gut besucht.

Ich gehe am „Blätterteighaus“, wie ich es nenne, des japanischen Architekten Hitoshi Abe vorbei, ein Teil der Fassade erinnert mit ihren dünnen, übereinandergelegten Schichten an das französische Gebäck Millefeuille. Gegenüber das Hörsaalzentrum von Laura Spinadel, rostrot, mächtig und leicht zugleich, aus sogenanntem Cortenstahl, der sich farblich im Laufe der Zeit verändern wird. Es erinnert mich an blutrote Erde in der Hitze des Südens.

Im Zentrum des Campus setze ich mich vor das Library & Learning Center, einen Bau der Stararchitektin Zaha Hadid in der ihr eigenen, futuristischen Formsprache. Menschen strömen ein und aus, durch die Fenster der Hörsäle gibt es Praterblick pur. Für die meisten offenbar schon ein gewohnter Anblick, sichtlich volle Konzentration auf den Lernstoff. Innen im Center ein überwältigendes Atrium, über Rampen und Treppen in Spiralen nach oben. Und wieder: gehen, stehen bleiben, schauen, staunen.

Weiter durch den Campus, rechts ein Gebäude mit Faltschiebeläden aus Aluminiumblech, Entwurf Estudio Carme Pinós S.L. aus Barcelona. Links die fröhlichsten Bauten des Campus, eine Komposition aus Gelb, Orange, Beige, Braun und ihren Zwischentönen. Mit vielen Durchgängen, kleinen Nischen, offenen Plätzen, dazwischen der Ausblick auf den Grünen Prater. Von CRAB studio London, sprich dem Architekten Peter Cook.

Ein paar kleine Scherze leistete sich auch Laura Spinadel: ein Ballspiel, eine Harfe und ein Dreizeitenpendel, mit Klangverbindung zwischen Hadid und Carme Pinós. Und im riesigen Areal des Campus gibt es kleine „verborgene Schätze“, wie sie Spinadel nennt: versteckte Plätze zum Alleinsein, Texte in Brailleschrift auf den Sitzbänken, einen verspiegelten Kasten, vor dem vielleicht tanzend, Grimassen schneidend der Alltag vergessen werden kann. Der einen Lüftungsschacht gut versteckt. So finden Funktionalität und Spiel harmonisch zueinander. Ausprobieren!

Es wird Zeit, mir zu überlegen, wo es mich heute noch hintreibt. Ich entscheide mich für einen Abstecher in den Prater, zur ältesten Holzrutsche der Welt, dem Toboggan. Das Einzige, was mich im Wurstelprater immer wieder anzieht. Beim Verlassen des Campus schaue ich noch kurz bei der Executive Academy der No.Mad-Architekten aus Madrid vorbei. Ein Turm, der mit all seinen Drehungen, Unregelmäßigkeiten und Windungen optisch schwer fassbar ist. Als gebautes Paradoxon bezeichnet es Maria Welzig vom Architekturzentrum Wien, da der Baukörper trotzdem stabil wirkt und Ruhe ausstrahlt. Vom Freudplatz aus geht es dann in den Wurstelprater. Vielleicht gehe ich nach dem Toboggan noch ein Stück in den Grünen Prater hinein.

# DIE STRECKE

1 1/2 h WEGZEIT
0 200 400
Johann-Kutschera-Gasse
Sonnenallee
Seepark
U2
Yella-
Hertzka-Park
Maria-Tusch-Str.
Hannah-
Arendt-Park
Edith-Piaf-Str.
Seestadtstraße
1 U2-Station Messe-Prater
2 Seestadt Aspern
3 Holzhochhaus Wien HoHo
4 Gedenkwald
5 Manifattura del Gelato
6 Hannah-Arendt-Park
7 Bildungscampus Seestadt Aspern
8 Holzwohnbau Maria-Tusch-Straße
9 Seeseiten Buchhandlung
10 Seepark
Engerthstraße
START
Praterstern
Ausstellungsstraße
Messe-Prater
Vorgartenstraße
Perspektivstr.
Wurstelprater
ZIEL
Campus
WU
Toboggan
Wurstelprater
Südportalstraße
Krieau
Trabrennstraße
Viertel Zwei
Trabrennbahn
Krieau
Grüner Prater
11 U2-Station Krieau
12 Viertel Zwei
13 Trabrennbahn Krieau
14 Campus WU
15 Toboggan Wurstelprater

## Nützliche Informationen

Die Biografien der 54 Frauen, die für Straßen, Plätzen und Parks in der Seestadt Aspern namensgebend waren, können in der Broschüre „Die Seestadt ist weiblich" nachgelesen werden. Download der Broschüre: www.aspern-seestadt.at/downloads/

## Der besondere Tipp

Eine besondere Unterkunft: magdas HOTEL, (2.), Laufbergergasse 12. Im 2015 eröffneten Hotel, einem Social Business, arbeiten Menschen mit Fluchthintergrund. Die 88 Zimmer sind individuell mit recycelten Möbeln gestaltet, die liebevolle Renovierung des Hauses wurde von freiwilligen Helfern mit großem Engagement bewerkstelligt.

## Kultur

Das Pratermuseum des Wien Museums, (2.), Oswald-Thomas-Platz 1, nächst dem „Planetarium" beim Riesenrad erzählt die 250-jährige Geschichte des Wiener Praters. Eine Fülle von Exponaten kann dort bestaunt werden: Teile einer Laterna-magica-Sammlung, Wahrsageautomaten, historische Ringelspielpferde, legendäre „starke Männer", die „Dame ohne Unterleib", der Original-Wagen der alten „Lindwurm"-Grottenbahn und das Originalmodell der Wiener Weltausstellung 1873.

## Lieblingslokale

Café Little Britain, (2.), Engerthstraße 249. Dort, wo niemand es vermuten würde, mitten im Gemeindebau, hat sich England-Fan Ilona Rucker 2014 mit ihrem Tea Room eingenistet. Das Ambiente ist „very British", mit weißen Möbeln, Blumentapete und gemütlichen Sofas, das Frühstück ebenso wie die Snacks und Süßigkeiten, die es auch to go gibt. Einstweilen noch ein Geheimtipp.

## Wegzehrung

Auf dieser Route nicht ganz einfach. Entweder ein Bagel vom Café Little Britain oder – warum nicht? – ein Burger aus dem Airstream-Caravan des Library Café auf dem Campus der WU. Das sehenswerte Café im Erdgeschoß von Zaha Hadids Library & Learning Center hat zudem Kleinigkeiten zum Mitnehmen im Angebot. Im Viertel Zwei gibt es von Montag bis Freitag wechselnde Foodtrucks beim See.

## Und was ich noch sagen wollte …

Der Toboggan im Prater, auch „Teufelsrutsche" oder Wienerisch „Rudschduam" genannt, ist die weltweit einzige erhalten gebliebene Holzrutsche. Zuerst geht es rund 100 Stufen hinauf auf die Plattform mit großartigem Blick über den Wurstelprater, dann mit bis zu 45 km/h auf Jutesäcken nach unten.

54 – 71

# Eine sagenhafte Mischung

***Am Gürtel, bei Kriemhild und am balkanischen Markt***

Hauptbücherei Wien – Stadthalle – Buchkontor – Kleingartenverein Zukunft auf der Schmelz – Heimhof – Meiselmarkt

¾ STUNDE WEGZEIT

*Gassen mit kriegerischen Namen aus dem Nibelungenlied, ansonsten ein friedliches Grätzel. Eine Pappelallee, ein lebendiger Platz voll kultureller Vielfalt, im Mittelpunkt eine großartige Buchhandlung mit angeschlossenem kleinen Café. Rundum ein Fleckerlteppich aus Baustilen, Jugendstil neben herben Gemeindebauten. Die Hauptbücherei mit faszinierendem Blick auf die Wiener Hausberge und den Wienerwald. Oben auf dem Dach das gleichnamige Café und im Sommer ein Open-Air-Kino, die Freitreppe als Treffpunkt. Die Stadthalle von Roland Rainer, eine der führenden Event-Locations in Europa. Mitteleuropas größte Kleingartenanlage innerhalb von verbautem Gebiet. Labung mittendrin im „Schutzhaus", einem unverfälschten Markt oder in meinem Lieblings-Thai-Lokal. Eine Busfahrt mit Schönbrunnblick.*

3
Kriemhildplatz

## *Verbindungslinien*

Nach den 102 Stufen auf der größten Freitreppe Wiens bin ich oben im doppelten Sinn: oben auf dem Dach der Wiener Hauptbücherei und beim Café Oben, einer Glasrotunde mit einer großzügigen, öffentlich zugänglichen Terrasse, auf der man sommers im „Kino am Dach“ Filme unterm freien Himmel genießen kann. Klare Sicht vorausgesetzt, gibt es hier sogar ganzjährig großes Kino: den Blick weit über die Stadt gleiten lassen, im Süden bis zu den Vienna Twin Towers im zehnten Bezirk, im Norden auf Weinhügel und Teile des Wienerwalds. Alles zum Greifen nah. Bei Sonnenuntergang wird es fast kitschig, in den Lichtern der Nacht kommt Großstadtfeeling auf.

Erst einmal auf der monumentalen Treppe hinsetzen und wieder zu Atem kommen. Sie ist, wie das gesamte Gebäude, eine Art Wiedergänger der exzentrischen Villa Casa Malaparte, in den 1940er-Jahren auf einem Sporn der Steilküste Capris erbaut. Man muss nicht zwingend nach Capri fahren, um sie zu sehen: Im Kultfilm „Le Mépris“ von Jean-Luc Godard aus dem Jahr 1963 ist die Treppe Kulisse für die Schlüsselszene mit der jungen, in einen gelben Bademantel gehüllten Brigitte Bardot. Das Meer liegt ihr zu Füßen.

Zu meinen Füßen tost der Verkehrsstrom des Gürtels, der die Außenbezirke von der Innenstadt trennt. Am Urban-Loritz-Platz treffen Straßenbahnen, Autobusse und die U-Bahn zusammen. Früher eine eher trostlose Stadtlandschaft, seit der Neugestaltung Ende der 1990er-Jahre ein zeitgemäßer städtischer Raum. Blickfang: ein 140 Meter langes Flugdach, eine weiße, durchscheinende Membrane, einem prähistorischen Drachenflügel gleich, die den Platz überspannt. Silja Tillner, eine Wiener Architektin und Stadtgestalterin, hat es entworfen. Das Dach leitet nicht nur zur U-Bahn, sondern auch zum Haupteingang der 2003 errichteten Hauptbücherei der Stadt Wien, die gleichsam über den Bahnsteigen der historischen Otto-Wagner-Station Burggasse-Stadthalle schwebt. Die Bibliothek an die Schnittlinie zwischen dem migrantischen Rudolfsheim-Fünfhaus und dem gut situierten, hippen siebten Bezirk zu stellen, kam einem kulturpolitischen Signal gleich. Sie sollte auch Bevölkerungsschichten anziehen, die bislang mit der Institution Bibliothek kaum vertraut waren.

Das Konzept ist aufgegangen. Das Bücherschiff, wie es seiner Form wegen genannt wird, oder die Arche, als die sie der Architekt Ernst Mayr, ihr Erbauer, sieht, zieht alle Gruppen der Wiener Bevölkerung fast magnetisch an. Rund zweieinhalbtausend Besucher kommen pro Tag. Auch heute, kurz bevor sie aufsperrt, warten wie ich Dutzende vor dem Eingang. Drinnen zieht mich die ihr eigene Atmosphäre zum wiederholte Male in den Bann. Ich kann nachempfinden, warum ihr Erbauer an eine Arche gedacht hat: „Außen verschlossen, innen wohnlich und offen mit einzelnen Blickbezügen nach draußen.“

Mit mehreren hunderttausend Büchern, CDs, Zeitungen und Zeitschriften ist die Hauptbücherei ein wahres Eldorado für Bücherwürmer, Internetsurferinnen und Musikliebhaber. Für die Jugendlichen aus den umliegenden Bezirken ist sie ein beliebter Nachmittagstreff. Andere kommen nur, um sich

aufzuwärmen, manche bloß, um sich rasch etwas auszuborgen. Es ist ein Ort, „an dem niemand fragt, ob man Mindestpensionist, Flüchtling, Tagedieb oder einfach nur ein Mensch ist, der sich hier inmitten büffelnder Studierender, sportiver Outdoorjackenträgerinnen mit Donna-Leon-Bedarf, in der Kinderbuchabteilung herumstromernder Knirpse und der notorischen Lesestoff-Junkies zurückgezogen hat", schreibt eine deutsche Wochenzeitung treffend. Mitten im städtischen Leben ist es drinnen geradezu kontemplativ still. Hier fühle ich mich wohl. Für Kurzatmige gibt es einen Lift.

Die erste große Kulturinstitution außerhalb des Gürtels, Zeichen politischer und kultureller Erneuerung im Jahr 1958, liegt in Sichtweite der Hauptbücherei: die Wiener Stadthalle, geschaffen von Roland Rainer, dem umstrittenen Doyen der österreichischen Architektur. Den legendären stapelbaren Wiener Stadthallensessel hat er gleich mitentworfen. Mehrere hundert Millionen Fernsehzuschauer kennen die Stadthalle als Austragungsort des Eurovision Song Contest 2015. Eine Institution mit Ablaufdatum. Die Stadt Wien plant auf dem Areal des früheren Schlachthofs St. Marx (siehe Seite 78) im dritten Bezirk eine Multifunktionshalle internationalen Zuschnitts.

## *Zu Kriemhild und Ulla*

Die Stadthalle ist ein guter Ausgangspunkt für meinen Spaziergang in das Nibelungenviertel, so der inoffizielle Name des nördlichsten Zipfels des 15. Bezirks, Rudolfsheim-Fünfhaus. Die Straßen sind nach den Sagengestalten des Nibelungenliedes, des mittelalterlichen Heldenepos um Siegfried den Drachentöter, benannt: die zentrale Markgraf-Rüdiger-Straße mit ihren schönen alten Linden, die Brunhilden-, die Walküren-, die Giselhergasse und so weiter. Im Zentrum liegt der Kriemhildplatz, eigentlich eine Allee mit Grünflächen und Bänken, auf der meistens viel los ist.

Dort hat Ulla Harms im Jahr 2009 ihr Buchkontor eröffnet, einst Geheimtipp, mittlerweile eine Institution im Grätzel, im Jahr 2019 mit dem Österreichischen Buchhandlungspreis ausgezeichnet. In einer Gegend ohne nennenswerte kulturelle Infrastruktur „und nicht gerade in 1A-Lage", wie sie sagt, hat sie ein kleines Wunder vollbracht. Wohl Ergebnis ihrer Geschäftsphilosophie: sich hier wohlfühlen und im Idealfall etwas anderes als beim Großhändler entdecken. Kontoristin war übrigens schon ihre Großmutter, wie sie in einem Nachlass entdeckt hat. Daher der Name der Buchhandlung.

„Ein Besuch beim Buchkontor ist wie ein Sprung in eine wunderbare Welt, in der das Buch wertgeschätzt und liebevoll behandelt wird. In der die Chefin Kekse bäckt und man bei Lesungen das Gefühl hat, in einem Wohnzimmer zu sein. Ein Traum von einer Buchhandlung." So die Bewertung der Jury des Buchhandlungspreises. Kekse? Hausfreunde! Am zweiten Weihnachtseinkaufssamstag ist im Buchkontor Hausfreundetag, an dem das gleichnamige

Weihnachtsgebäck, Irish Coffee und Tee mit Rum ausgeschenkt werden. Vor Kurzem ist das Wohnzimmer erweitert worden: Im franzundjulius, Café und Restauration, gibt es phänomenalen Kaffee, kleine, feine Gerichte und zu unregelmäßigen Terminen Wohnzimmerkonzerte. Brownies oder Bananenkuchen stecke ich sicherheitshalber als Wegzehrung ein.

Ich spaziere ein wenig durch die Gegend. Was auffällt: Die für viele Stadtteile Wiens sonst typische Mischung aus Häusern verschiedener Epochen fehlt. Hier treffen, kurz zusammengefasst, Kleinode des Jugendstils auf Gemeindebauten des Roten Wien. Das hat einen einfachen Grund: Auf der Brache des aufgelassenen k. u. k. Exerzierplatzes auf der Schmelz durfte erst ab 1911 gebaut werden. Ein gutbürgerliches Musterviertel sollte es werden, zu Ehren des kürzlich verstorbenen Bürgermeisters Karl Lueger, mit Wohnungen für Gemeindebedienstete, Gelehrten- und Künstlerhaushalte, keinesfalls für die Bevölkerung der Vororte. In den Zehnerjahren des 20. Jahrhunderts entstanden dementsprechend die prächtigen vier- bis fünfgeschoßigen Nobelzinshäuser des Viertels.

Der Erste Weltkrieg unterbrach die Bautätigkeit. Die unverbauten Lücken wurden nach dem Krieg mit Gemeindebauten und Genossenschaftswohnungen geschlossen – mit dem beinahe romantischen Forstner-Hof in der Alliogasse, dem Johann-Witzmann-Hof in der Reuenthalgasse oder dem Ebert-Hof in der Hütteldorfer Straße mit seinen bereits typischen Merkmalen der späteren Superblocks wie etwa des Karl-Marx-Hofs: einem imposanten Portal, Rundbogenarkaden, mehreckigen Erkern. Alle genannten Bauten stehen unter Denkmalschutz.

Ich spaziere weiter in die Guntherstraße zum Eingang des Kleingartenvereins „Zukunft auf der Schmelz".

## *Auf der Schmelz*

Gezählte 659 Gärten gibt es im Kleingartenverein „Zukunft auf der Schmelz". Sie ist die größte Kleingartenanlage Mitteleuropas innerhalb bebauten Stadtgebietes, eine Idylle. Viel Grün, Vogelgezwitscher wie auf dem Land, Spazierwege, Bänke, um die Ruhe zu genießen, und mittendrin das „Schutzhaus Zukunft auf der Schmelz".

Wien und die Kleingärten haben eine lange gemeinsame Geschichte. Ich nenne die Gärten absichtlich nicht Schrebergärten, da sie mit Moritz Schreber, dem Hauptvertreter der schwarzen Pädagogik, eigentlich nichts zu tun haben. Gegründet wurden sie in den 1910er-Jahren, um Menschen mit vorwiegend sitzender Beschäftigung gesundheitlich zu unterstützen. Wohl auch, um der damaligen Lebensmittelknappheit entgegenzusteuern. Zuvor bestanden bereits Anlagen des Wiener Naturheilvereins, beispielsweise im 14. Bezirk, die heute noch als Kleingartenverein mit Schutzhaus existieren. „Die Wiener nannten sie die Grasfresser von Purkersdorf, weil viele von den Mitgliedern Vegetarier waren", schreibt Peter Autengruber in seinem Buch „Die Wiener Kleingärten". In den späteren Kleingärten tummelten sich dann schon Kaninchen, Hühner und Ziegen zur Aufbesserung des Speiseplans.

In der Zwischenkriegszeit waren die Kleingärten eine der Hochburgen der Sozialdemokratie, wichtig für die Selbstversorgung, zur Erholung und als Urlaubsersatz für das „Proletariat". Dann eine schmerzliche Zäsur: 1934, im Austrofaschismus, wurden die Kleingartenvereine und ihr Zentralverband politisch gesäubert, 1938 der „Verband der Kleingärtner, Siedler und Kleintierzüchter" aufgelöst, alle jüdischen Pächter enteignet. Wer einen jüdischen Gast empfing, erhielt die Kündigung. Nicht alle Enteigneten bekamen ihre Gärten gleich nach dem Krieg zurück. Abgesehen davon ähnelte die Zusammensetzung der Kleingartler bald wieder jener der Zwischenkriegszeit: Arbeiterfamilien, kleine Gewerbetreibende, Beamtinnen und Beamte. Überwiegend in Pension nach einem langen Arbeitsleben.

In Wien gab es 2018 35 845 Kleingärten mit einer Fläche von etwa 14 Millionen Quadratmetern, das entspricht 3,44 Prozent des Stadtgebietes. Sie haben mittlerweile ihr Gesicht verändert und ihre ursprüngliche Bedeutung mehr oder weniger eingebüßt. Die meisten Parzellen können käuflich erworben und, anders als zuvor, ganzjährig bewohnt werden. Seit 1992 kann man in Wien daher seinen Hauptwohnsitz in den Kleingarten verlegen. Im Grunde steht dort jetzt das Häuschen im Grünen, samt Pool, Hollywoodschaukel und Kugelgrill. Die soziale Durchmischung habe sich dadurch massiv reduziert, konstatiert auch Buchautor Autengruber. Das Gemüse wird beim Markt ums Eck gekauft, wichtiger ist ein gepflegter Rasen und zierende Blumen. Damit der eigene Garten der schönste ist.

An diesem warmen Herbsttag ist erstaunlich wenig los. Vieles ist schon für den Winter eingemottet, letzte Arbeiten werden erledigt. Die meisten Häuschen sind mit blickdichten Zäunen gut abgeschottet, vereinzelt lugt ein Schneewittchen mit seinen Zwergen durch den Zaun.

Von den Kastanienbäumen im Gastgarten des Schutzhaus Zukunft weht es die welken Blätter herunter, die langen Holztische und -bänke stehen noch im Freien. Aus der Küche höre ich rhythmisches Klopfen, in einem Wiener Gasthaus leicht zu interpretieren: Hier werden Wiener Schnitzel vorbereitet. Vom Schwein, wie ich später aus der Speisekarte erfahre. Ein echtes „Wiener“ müsste aus Kalbfleisch sein. Das Wiener Schnitzel vom Huhn, das es auch gäbe, ist eine ebensolche kulinarische Sünde.

Im Gastzimmer sitzt ein einziger Gast, ein Herr Günther, wie ihn der Ober anspricht. Offenbar ein Stammgast, mit Zeitung, einem Seidl Bier, den Teller schon geleert. Er räsoniert über das Wetter, viel zu kalt draußen, und überhaupt. Es ist wie gesagt ein milder Tag mit strahlendem Sonnenschein. Alles anders als früher, natürlich schlechter. „Sie sind Stammgast hier?", frage ich ihn rein rhetorisch, um dem Gespräch eine Wendung zu geben. Kurzes Innehalten. „Wieso? Sieht man das?", ist die unerwartete und eher unwirsche Antwort. Ich gebe auf.

Das Klopfen in der Küche hört nicht auf. Auf Nachfrage berichtet der Ober stolz, man habe heute eine Feier mit 200 Personen, „Platz hätten wir sogar für 480!", sagt er und zeigt in den Speisesaal, in den ein Pfeil mit der Aufschrift „Speisesaal, WC, Telefon" weist. Lange Tischreihen, festlich gedeckt, warten auf Gäste. An der Stirnseite eine Bühne. Auf dieser finden, wie soll ich sagen, sehr besondere Veranstaltungen statt. Mit Al Cook, einem 75-jährigen heimischen Blues-Pionier, mit Attwenger, die Volksmusik mit Punk, Hip-Hop, neuerdings Techno kreuzen. „Attwengern", wie die große Fangemeinde es nennt. Monate zuvor ausverkauft sind die legendären Auftritte von Johann K. mit seiner Begleitband Monti Beton, einer Coverband für Interpreten wie Bob Dylan und Elvis Presley. Johann K. kennen alle, die mit dem Schlagwort Córdoba etwas anfangen können. Der „Hanse-Burle" war der Held, der Österreich als zweifacher Torschütze zum Sieg gegen Deutschland schoss. Alles klar? Nicht zu vergessen die österreichische Rockband Wiener Wahnsinn, wie das alles hier auch umschrieben werden könnte. Und der Gewichtsheberball.

Ich probiere heute eine Leberknödelsuppe, geschmacklich gut, nicht überragend, typische Wirtshausküche, preislich unschlagbar.

Ich könnte laut Wochenkarte weiters Wurstsalat, gebackene Champignons mit Sauce Tartare, faschierte Laibchen mit Kartoffelpüree und Röstzwiebeln und ganz viele andere Klassiker der Wiener Wirtshausküche haben. Essen gleichermaßen für Alteingesessene wie für Fortgeschrittene. Ich ziehe weiter zu einem kleinen Kontrastprogramm, in den erdigen Teil des 15. Bezirks.

## *Markt mit alles*

Vom Schutzhaus gehe ich rechts zum Ausgang an der Oeverseestraße, von dort weiter in Richtung Meiselmarkt. In der Wurmsergasse und Pilgerimgasse stehen beeindruckende Wohnanlagen des Roten Wien der 30er- und 50er-Jahre. Eine Besonderheit ist der Heimhof, das sogenannte Einküchenhaus, 1923 von einem gemeinnützigen Bauträger errichtet. Es stand ausschließlich berufstätigen Ehepaaren zur Verfügung. Nachfolger des ersten Heimhofes im 19. Bezirk, in dem ledige, erwerbstätige Frauen wohnten. Die Heimhöfe gehen auf eine Initiative von Auguste Fickert zurück, Präsidentin des Allgemeinen Österreichischen Frauenvereins, gegründet 1893, der linke Flügel der damaligen bürgerlichen Frauenbewegung.

Es gab eine zentrale Großküche, in der für die Bewohnerinnen und ihre Angehörigen gekocht wurde. Ein Dorn im Auge der bürgerlichen Presse: „Gemeinsame Küchen in Mietshäusern sind abzulehnen, alles ist abzulehnen, was die seelischen Kräfte der Familie zerstört", schrieb die Reichspost im Jahr 1925. Gemeindebedienstete wuschen in einer Großwäscherei die Wäsche. Mit Terrassen, Badeanlagen und Gärten wurden gemeinschaftliche Räume geschaffen. In den Wohnungen selbst gab es keine Küchen. Den berufstätigen Frauen sollte alle Hausarbeit abgenommen werden, die für Frauen in der Regel zusätzlich zur Berufstätigkeit anfiel. In einer Studie über die Wohnsituation der Arbeiterinnen formulierte es Käthe Leichter im Jahr 1932 so: „Für Frauen ist zu Hause nur Schichtwechsel." Übrigens auch heute noch in erstaunlich hohem Ausmaß.

Im gemeinsamen Speisesaal gab es Vorträge zur Weiterbildung oder gesellige Veranstaltungen. Eine große Dachterrasse bot Gelegenheit zur Entspannung. Im Grunde standen eher bürgerlich-liberale Ideen dahinter als jene des Roten Wien. Im Nationalsozialismus wurden die Bewohnerinnen und Bewohner des Heimhofs, der mittlerweile von der Stadt Wien übernommen worden war, delogiert und verschleppt. Nach dem Krieg ließ man die Gemeinschaftsräume schrittweise auf Kosten größerer Wohnungen auf, an die einstigen emanzipatorischen Leitmotive erinnern heute nur noch Hinweistafeln.

Es ist nur noch ein Katzensprung zum Meiselmarkt, dem einzigen überdachten Markt Wiens, der sich selbst als „Markt mit alles" tituliert. Ein klein wenig großmäulig, aber auch nicht zu weit entfernt von der Realität. Die Shoppingmall in den beiden oben liegenden Geschoßen hat nämlich wirklich fast alles, was der Mensch im Alltag so braucht. Eine Lebensmittelfiliale, einen Drogeriemarkt, einen Elektronik- und Baumarkt, einen Schuhservice, Tabaktrafik und Friseur, ein Papiergeschäft, eine Confiserie, ein Reisebüro und die obligaten Schnellimbisse. Der eigentliche Markt befindet sich im Untergeschoß, in den Gewölben eines aufgelassenen Wasserspeichers der I. Wiener Hochquellwasserleitung, der Mitte der 1990er-Jahre bei den Grabungen für die hier gebaute U-Bahn-Station Johnstraße freigelegt worden war.

Schon auf den ersten Metern der Rolltreppe eine Mischkulanz an Gerüchen, ein Duft nach Markt in seiner authentischsten Form. Unten eröffnet sich ein Paradies mit Bergen voller Obst und Gemüse, Brotständen, Vitrinen voller Fleischwaren, einem Grillstand mit sorgsam in Papier gepackten, braun gebrutzelten Spanferkeln zum Mitnehmen. Dazwischen kübelweise üppige Blumenbündel und ein wenig „Gwand", momentan zum Beispiel Socken und Hauben. Wie auf einem fernen Basar. Ein Stück „balkanisches Wien", wird der Autor Georg Renöckl auf der Website des Marktes zitiert. „Ein Markt, den man in vollen Zügen genießen kann – vorausgesetzt, man hält den Anblick von Fleisch aus. Und zwar von richtig viel Fleisch." An den Fleischständen sind die Schlangen am längsten, es reihen sich vorwiegend Männer ein, hier geht das Familienoberhaupt einkaufen. Unsereins fällt auf, wird aber sehr freundlich aufgenommen.

Es ist immer viel los. Das geschäftige Treiben beginnt jeden Tag um 6 Uhr früh. Ein Einkaufsort, an dem die Bevölkerung des umliegenden Bezirks ihre alltäglichen Bedürfnisse ohne großen Aufwand decken kann. Der aber auch Menschen wie mich anzieht, die gute Qualität und frische Ware zu einem guten Preis schätzen und gehypte Wiener Märkte deshalb eher meiden. Die Kombination ist der Grund für seinen Erfolg: Nach Brunnenmarkt, Naschmarkt und Rochusmarkt ist „der Meisel" mit rund 31 000 Besuchern pro Woche einer der am meisten frequentierten Märkte Wiens. Beliebt ist auch der Outdoor-Bauernmarkt am Samstag, mit regionalen Produkten direkt vom Bauernhof, vieles in Bioqualität.

Ich kaufe heute ein großes Bündel frischeste Minze, 1A-Lammfaschiertes und getrocknete Favabohnen, die ich seit Tagen vergebens sonst wo gesucht habe. „Noch etwas, Madame?" „Heute leider nicht, danke, gerne beim nächsten Besuch. Auf Wiedersehen." Wieder im Freien werfe ich noch einen Blick auf die denkmalgeschützte Alte Schieberkammer, eine Erinnerung an die Wiener Wasserversorgung, Teil des Wasserbehälters für die I. Wiener Hochquellwasserleitung. Heutzutage kann das Gebäude für Veranstaltungen und Ausstellungen genutzt werden.

Nun muss ich eine Entscheidung treffen: Mache ich noch einen Abstecher in die nahe gelegene Schweglerstraße zu meinem Lieblings-Thai-Markt Talad Thai, der immer am Dienstag frische Ware erhält, zum gegenüberliegenden All Reis auf ein wenig Streetfood oder gehe ich weiter zum Forschneritschpark? Unvermutet eröffnet sich dort ein großartiger Blick auf das ferne Schönbrunn. Die Buslinie 10A führt bergab, in direkter Linie zum Schloss. Durch die verkehrsreiche Johnstraße, vorbei an fernöstlichen Restaurants, Pizzerien, Rotlichtlokalen, Massagesalons, sogar einem Jugendstilhaus – dem Johnhof. Immer im Blick: der kaiserliche Schlosspark und seine Krönung, die Gloriette. Ein Stück anderes Wien. Ich nehme den Bus, steige bei der Station Schönbrunn aus und bin schon fast zu Hause.

## *Die Wiener haben eine lange Leitung*

Eigentlich sogar zwei. Dieser Werbeslogan für Wiener Wasser wurde eine Zeit lang auf Wiener Straßenbahnen affichiert. Eigentlich überflüssig. Wien weiß, was es an seinem Wasser hat. Weltweit einzigartig wird reines Hochquellwasser aus den Bergen in die Großstadt Wien geliefert, in freiem Gefälle, Pumpen sind nicht notwendig. Ein positiver Nebeneffekt: Auf seinem Weg nach Wien wird en passant Strom erzeugt, der den Bedarf einer Kleinstadt deckt.

Kaiser Franz Joseph höchstpersönlich betätigte am 24. Oktober 1873 den Knopf, der den Hochstrahlbrunnen am Wiener Schwarzenbergplatz in Betrieb setzte. Ein symbolischer Akt für die Ankunft des Wassers der ersten Hochquellwasserleitung in der Stadt. Wasser rinnt im Überfluss! – so die Botschaft an das Volk. Rund vierzig Jahre später folgte eine zweite Leitung, durch die Eingemeindung der Vorstädte war der Wasserbedarf gestiegen.

Die Leitungen sind tatsächlich lang. 150 Kilometer die eine, innerhalb von 24 Stunden bringt sie 220 Millionen Liter Quellwasser in die Stadt, nahezu nochmals so viel die andere, und zwar in 36 Stunden. Ein Relikt aus der Zeit der früheren Trinkwasserversorgung ist der Wiener Wasserturm in Favoriten, der heute nicht mehr an das Rohrnetz angeschlossen, aber als ein markantes Bauwerk im Stil des Industriellen Historismus durchaus einen Besuch wert ist, bei schönem Wetter mit Aussicht bis ins Quellgebiet.

Schon 1988 waren 90 Prozent der Wiener Haushalte an die Wasserleitung angeschlossen, der frühere, oft verunreinigte Hausbrunnen durch die Bassena ersetzt: ein gemeinschaftlich genutzter Wasseranschluss im Stiegenhaus von Miethäusern, an dem die „Parteien" jedes Stockwerks ihr Trinkwasser holten, Neuigkeiten austauschten und den Bassenatratsch pflegten. Der führte nicht selten zu Streit und Ehrenbeleidigungsklagen. Die sogenannten Bassenaprozesse waren bei den Wiener Gerichtskiebitzen äußerst beliebt. Bassenas gibt es zwar in älteren Häusern noch, sie haben aber mehrheitlich nur noch nostalgischen Wert.

Schon 1893 war im Wiener Gemeinderat festgelegt worden, dass die Wasserversorgung nicht in die Hände Privater gelegt werden, die Trinkwasserqualität sich nicht verschlechtern dürfe und alle Bezirke in gleicher Weise versorgt werden müssten. Wien hat 2001 als erste Stadt der Welt ihr Trinkwasser, das „Weiße Gold", unter Verfassungsschutz gestellt. Alle Bezirke diesseits und jenseits der Donau sind mit Hochquellwasser aus einer der beiden Leitungen voll versorgt.

Wann und wo immer jemand in Wien den Wasserhahn aufdreht, sprudelt es frisch und rein heraus. Rund 130 Liter werden täglich pro Person verbraucht, inklusive Körperpflege, Kochen, Wäschewaschen und Putzen. Tendenz erfreulicherweise seit Jahren fallend. Wasserknappheit gibt es selbst bei Hitzewellen nicht. Und es sprudelt nicht nur zu Hause. An rund 1000 Trinkbrunnen in der ganzen Stadt kann man sich an heißen Sommertagen erfrischen. „Jetzt sagen wir es zum 1000. Mal: Trink Wasser!", steht etwas frech auf den Brunnen. Kristallklares Hochquellwasser, kostenlos. An besonders heißen Tagen werden sie, wie auch Hydranten, zu Sprühduschen. Sommerspritzer, wie sie in Anspielung auf ein beliebtes Wiener Mischgetränk genannt werden.

Wasser rinnt also im Überfluss. Auch in den 150 Zier-, Monumental- und Denkmalbrunnen der Stadt und Wasserfontänen in Parks, die ständig für Abkühlung sorgen. Nicht überall mit Hochquellwasser, „Kein Trinkwasser" ist dann der Hinweis. Der Hochstrahlbrunnen am Schwarzenbergplatz wird nach wie vor mit Hochquellwasser gespeist. Nachts leuchten seine Fontänen in Rot, Rosa, Gelb, Violett, Blau und Grün. Abkühlung in historischem Ambiente.

Hitzewellen lassen sich beim Wienbesuch überall hervorragend überstehen. Cool!

# DIE STRECKE

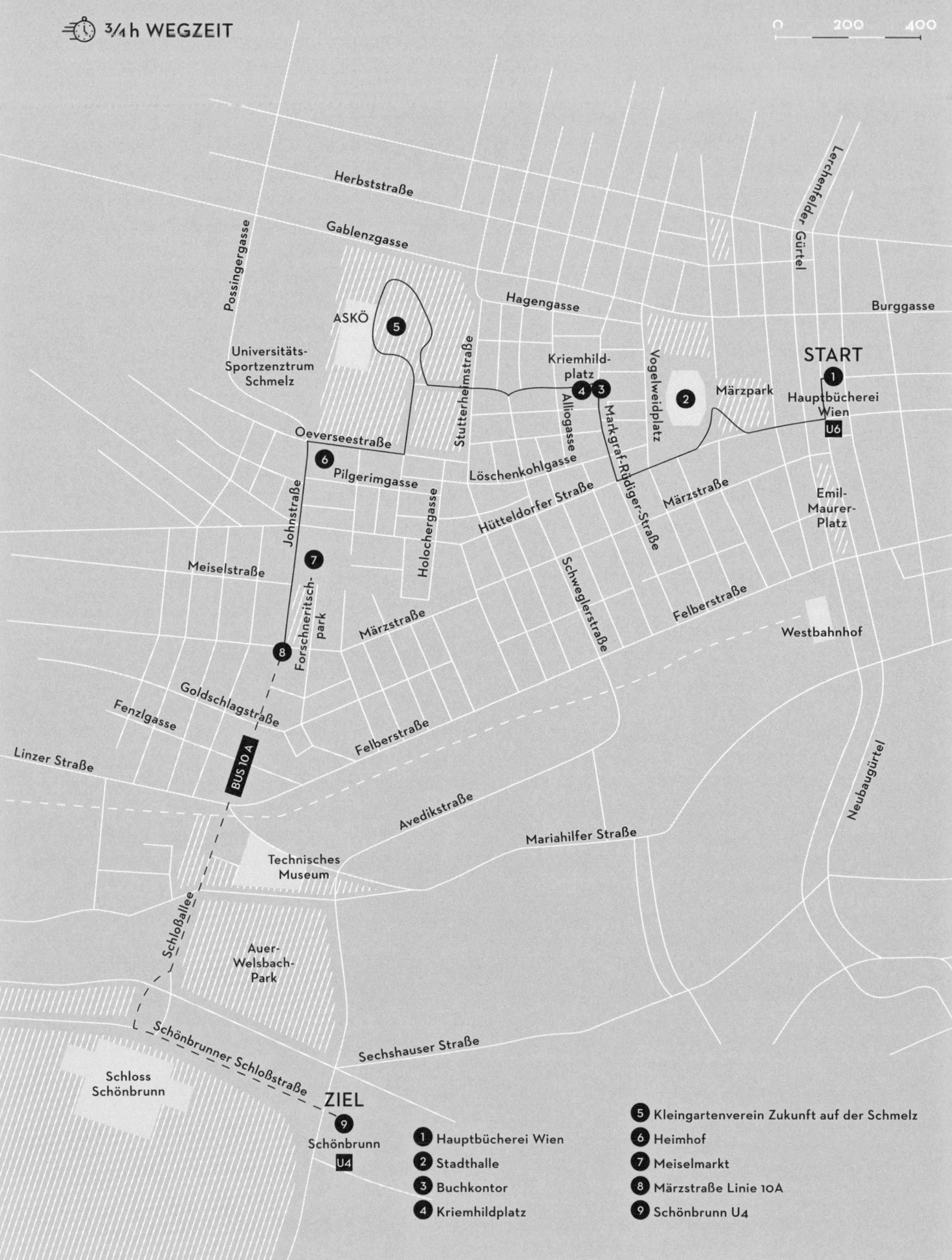

¾ h WEGZEIT
0
200
400
Herbststraße
Gablenzgasse
Possingergasse
Hagengasse
Burggasse
Lerchenfelder Gürtel
ASKÖ
Universitäts-
Sportzenztrum
Schmelz
Stutterheimstraße
Kriemhild-
platz
Vogelweidplatz
Märzpark
START
Hauptbücherei
Wien
U6
Alliogasse
Markgraf-Rüdiger-Straße
Oeverseestraße
Pilgerimgasse
Löschenkohlgasse
Johnstraße
Holochergasse
Hütteldorfer Straße
Märzstraße
Emil-
Maurer-
Platz
Meiselstraße
Schweglerstraße
Forschneritsch-
park
Märzstraße
Felberstraße
Westbahnhof
Goldschlagstraße
Fenzlgasse
Felberstraße
Linzer Straße
BUS 10 A
Avedikstraße
Mariahilfer Straße
Neubaugürtel
Technisches
Museum
Schloßallee
Auer-
Welsbach-
Park
Schönbrunner Schloßstraße
Sechshauser Straße
Schloss
Schönbrunn
ZIEL
Schönbrunn
U4
1 Hauptbücherei Wien
2 Stadthalle
3 Buchkontor
4 Kriemhildplatz
5 Kleingartenverein Zukunft auf der Schmelz
6 Heimhof
7 Meiselmarkt
8 Märzstraße Linie 10A
9 Schönbrunn U4

## *Nützliche Informationen*

Öffnungszeiten Meiselmarkt: Marktstände Montag bis Freitag, maximal 6 bis 19.30 Uhr; Samstag, 6 bis 17 Uhr. Marktkernzeiten sind Dienstag bis Freitag, 15 bis 18 Uhr, Samstag, 8 bis 12 Uhr. Da der Markt sehr gut frequentiert ist, haben die Stände fast immer offen. Samstags ist auch Bauernmarkt.

## *Der besondere Tipp*

Die Glasfabrik, (15.), Felberstraße 3, direkt hinter dem Westbahnhof. In der ehemaligen Druckerei der Österreichischen Bundesbahnen werden auf 2500 Quadratmetern, die sich auf drei Stockwerke erstrecken, Altwaren und Antiquitäten zu erschwinglichen Preisen verkauft: Möbel verschiedener Epochen, Bilder und Spiegel, Lampen, Geschirr, Vintagekleidung, Papier, Stifte und vieles mehr. Eine Fundgrube für besondere Stücke. Genug Zeit einplanen!

## *Kultur*

Im Bezirksmuseum Rudolfsheim-Fünfhaus, (15.), Rosinagasse 4, kann ein 25-minütiger Stummfilm des österreichischen Regisseurs Leopold Niernberger zum Heimhof angesehen werden (siehe Seite 66). Er wurde 1922 gedreht und erzählt die Geschichte einer berufstätigen Mutter, die die Vorzüge des Heimhofes kennen und schätzen lernt. Öffnungszeiten des Bezirksmuseums: Montag 17 bis 19 Uhr, Freitag 15.30 bis 17.30 Uhr.

## *Lieblingslokale*

All Reis Bangkok Street Food, (15.), Schweglerstraße 12. Ein Thai-Imbiss der allerbesten Sorte. Hier wird in der offenen Küche gehackt, geschnitten und gebrutzelt und zu scharf-würzigen Speisen verarbeitet, wie man sie in dieser Authentizität sonst in Wien nicht kennt. Immer voll, aber eine kurze Wartezeit auf einen freien Tisch lohnt sich. Sonst: Take it away! Seit Kurzem auch in (1.), Ballgasse 6.

## *Wegzehrung*

franzundjulius, Café und Restauration direkt neben dem Buchkontor, (15.), Kriemhildplatz 1 (siehe Seite 61). Wenn einmal keine Zeit zum Hinsetzen ist, können Kuchen und warme Speisen auch mitgenommen werden.

## *Und was ich noch sagen wollte …*

Der 15. Wiener Gemeindebezirk ist vielfältig, manche Teile mausern sich gerade zum Trendviertel. Es ist daher lohnenswert, ihn genauer zu erkunden. Etwa das Grätzel zwischen Äußerer Mariahilfer Straße, Linker Wienzeile und Mariahilfer Gürtel. Hier haben sich nette Cafés, junge Shops, eine Ski-Manufaktur und – meine Empfehlung – die „Turnhalle" auf dem Gelände des Kulturzentrums Brick-5 angesiedelt. Ein Lokal mit den Schwerpunkten Frühstück, Brunch, Lunch in einem großartigen Ambiente, (15.), Herklotzgasse 21.

72 – 89

# Aus der Vielfalt schöpfen

### *Von einer neuen City zum historischen Stadtpark*

TownTown – Arena Wien – Neu Marx – Biedermeier-Friedhof St. Marx – Rabenhof-Arenbergpark – Portois & Fix – Russisch-orthodoxe Kathedrale – Landstraßer Hauptstraße – Rochusmarkt – Sünnhof – Stadtpark

1 ½ STUNDEN WEGZEIT

*Eine neue Skyscraper-City im hinteren Erdberg. Biotechnologie, Medien und Kultur auf dem Gelände eines ehemaligen Viehmarkts. Kulturveranstaltungen in einer früheren Rinderhalle und ein Rest 1970er-Jugendkultur im historischen Schlachthof. Beschaulichkeit auf einem autoumtosten Biedermeierfriedhof, mit erstaunlichen Grabinschriften und einer Attrappe von Mozarts Grab. Von der geschäftigen Landstraße zu einer russischen Kathedrale, einem Flakturm, einer literarisch verewigten Gasse und imposanten Häusern verschiedener Epochen. Portugiesische Küchlein, eine Käserei und ein wunderbarer kleiner Markt. Die erste öffentliche Parkanlage Wiens mit Flusspromenade und Jugendstilpreziosen.*

## *Stadt. Land. Fluss.*

Kaum eines der innerstädtischen Stadtentwicklungsprojekte Wiens ist so vielfältig wie die Gegend rund um den Erdberger Mais und St. Marx im dritten Wiener Gemeindebezirk. „Am Erdberger Mais herrscht ein regelrechtes Über- und Hintereinander, geradezu ein Durcheinander unterschiedlicher Zeitschichten, Bebauungstypologien, Baustile, Maßstäblichkeiten und Nutzungen. In diesem Stadtgebiet scheint einfach alles aufeinanderzutreffen!", steht im Strategieplan der Stadt Wien für dieses Gebiet. In seiner Einmaligkeit sei ein „Nebeneinander von Unterschiedlichem" möglich: eine Koexistenz von Stadt und Land. Kaum ein Stadtgebiet in Wien ist von so tiefgreifenden Veränderungsprozessen geprägt wie der Erdberger Mais. Und das Tempo ist rasant. Da will ich gerne dabei zuschauen. Start: U-Bahn-Haltestelle Erdberg. Erstes Ziel: TownTown, Thomas-Klestil-Platz.

TownTown ist, eigentlich sollte ich sagen: war, als Stadt in der Stadt konzipiert, ein Zentrum mit einer lebendigen Piazza, mit Einkaufs- und Erholungsmöglichkeiten. Noch merke ich wenig davon, das Leben verläuft im Einklang mit den Bürozeiten derer, die in der neuen Business-Stadt arbeiten. Etwa im ORBI Tower, einem Bürohaus benannt nach seiner Form, einem abgerundeten Dreieck, „Gleichdick", wie die Geometrie es nennt, im Englischen „orbiform". Daneben steht der Turm der Wiener Stadtwerke, Lieferanten für Gas, Strom, Fernwärme, neuerdings auch Fernkälte, an die Wiener Haushalte sowie verantwortlich für die Wiener Linien, für die Bestattung und die Friedhöfe in Wien. Die anschließenden 21 Company Buildings, Abkürzung CB, sind bislang namenlos und durchnummeriert. CB 10 hebt sich mit seiner runden Form von den sonst eher gleichförmigen Gebäuden rund um den Platz ab.

Vielleicht kann TrIIIple mehr Schwung reinbringen. Nördlich von Town Town, dem Donaukanal zugewandt, werden III Hochhäuser gebaut, zwei mit je 500 Wohnungen, ein drittes mit 670 Microappartements für Studierende und sogenannte young urban professionals.

TrIIIple steht auch für Stadt. Land. Fluss. In Sichtachse liegen der Grüne Prater und das Viertel Zwei, von Hochhaus zu Hochhaus lässt sich „Weitblick" und „Grünblick" an der Trabrennbahn Krieau beinahe zuwinken, vorausgesetzt, man schaut durch ein Fernglas. Getrennt wird das Gegenüber durch eine Verkehrs-Trasse, die Remise der U3, sowie durch den Donaukanal, zu dem ein Steg hoch über der Erdberger Lände führt. In Sicht- und Hörweite ist auch die Südosttangente, die Stadtautobahn Wiens – eine Herausforderung für die Schallisolierung. Durch ein ausgeklügeltes System werden die Bauten mit Wasser aus dem Donaukanal geheizt und – ein Novum in Wien – im Sommer gekühlt.

Ich halte mich nicht lange auf, der Bau schreitet voran, 2022 sollen die Häuser bezugsfertig sein. Die Chancen stehen gut, alle zehn Tage wachsen die Türme angeblich um ein Stockwerk, bis sie schlussendlich 100 Meter hoch und bezugsfertig sein werden. Noch schwirrt eine Unzahl an Arbeitern mit gelben und weißen Helmen, umgeben von Staub und Lärm, geschäftig herum.

Wenige Minuten Fahrtzeit mit der U3 von der U-Bahn-Station Erdberg entfernt stehen die ehemaligen Gasometer, Gasbehälter aus dem Jahr 1896. Die Industriedenkmäler wurden von vier Stararchitekten-Teams zu einem neuen, modernen Stadtviertel umgebaut.

## *Wiener Blut und Kultur*

An der Erdbergstraße biege ich in die Nottendorfer Gasse ab. Dann bin ich dort, wo früher die Lohnschlachter gearbeitet haben. St. Marx ist nicht etwa die gelungene Synthese zweier Weltanschauungen, sondern das ehemalige Schlachthofgelände Wiens in der Vorstadt. In St. Marx stand früher ein Siechenhaus für Aussätzige, später ein Viehmarkt plus Schlachtbetrieb. Der Name kommt vom heiligen Markus. Der Schlachthof St. Marx war als größter Schlachthof Wiens maßgeblich für die Fleischversorgung der Stadt verantwortlich. Der Central-Viehmarkt, wie er amtlich hieß, wurde 1884 eröffnet, er war zu jener Zeit einer der größten Viehmärkte Europas.

Unsereins verbindet St. Marx etwas wehmütig mit der Arena-Bewegung und ihrem vergeblichen Kampf gegen den Abriss des Auslandsschlachthofes Mitte der 1970er-Jahre. Trotz monatelanger Besetzung, berühmter Unterstützung aus der Kunst- und Kulturwelt und großer Solidarität unter den Wienerinnen und Wienern fiel er den Abrissbirnen zum Opfer. Der Traum von einem alternativen, selbst verwalteten Jugend- und Kulturzentrum war ausgeträumt. Der „best place of Vienna“, als den ihn Leonard Cohen bei einem Solidaritätskonzert bezeichnet hatte, war Geschichte. Lediglich der Inlandsschlachthof blieb übrig, dort entstand eine neue Arena, die es heute noch gibt. Sie ist das größte alternative Kultur- und Kommunikationszentrum Österreichs. Wer Indie, Elektropop oder Heavy Metal mag, findet dort fast täglich ein passendes Programm, im Sommer Open Air auf der großen Wiese im Innenhof. Ich liebe vor allem die Filmvorführungen des Arena-Sommerkinos unter dem Sternenhimmel in diesem einzigartigen Ambiente. Die Arena Wien erreicht man über einen kurzen Abstecher in die Baumgasse, unter der Autobahn durch.

Jetzt stehe ich aber auf einer riesigen asphaltierten Brache vor Neu Marx, einem neuen Stadtteil, in dem sich in den letzten fünfzehn Jahren rund 100 Unternehmen und Institutionen aus den Bereichen Medien, Kreativwirtschaft, Technologie und Wissenschaft (mit Schwerpunkt Biotechnologie) angesiedelt haben. Auf dem Asphalt sind weiße und schwarze Flecken aufgepinselt. Den „Beobachter", ein Kunstwerk des Stadtkünstlers Golif, bekannt für seine überdimensionierten Gemälde, würde man nur weit in der Luft schwebend erfassen können: das schwarz-weiße Gesicht eines Riesen, der hinaufschaut. Rund eineinhalb Monate lang hat Golif die Farbe aufgesprüht, in Bahnen wie ein „laufender Drucker", sagt er.

Auf der 30 000 Quadratmeter großen Fläche wird in den nächsten Jahren eine multifunktionale Eventhalle mit einem Fassungsvermögen von 20 000 Personen gebaut – etwa gleich viele passen in die berühmte O2 Arena in London. Die Marx Halle, ein denkmalgeschütztes Überbleibsel des alten Fleischmarktes, hält bis dahin allein die Stellung. Sie ist zeitweilig Schauplatz für Veranstaltungen wie die viennacontemporary-Kunstmesse, den Designmarkt Edelstoff oder das Digitalfestival 4Gamechangers. Das Globe Wien hat sich eingenistet, spielt ganzjährig Theater, Kabarett, Comedy und Musik. Im Shakespear'schen Gemüsegarten wildert der Kabarettist Michael Niavarani, einer der Besitzer, bei seinen Eigenproduktionen. Die Halle ist eine imposante, dreischiffige, basilikaartige Stahlkonstruktion, ein Industriedenkmal aus dem 19. Jahrhundert, trotz des Materials erstaunlich grazil.

Hinter der Marx Halle liegt wie ein gestrandetes Raumschiff aus dem All das T-Center St. Marx, Flaggschiff eines Technologieunternehmens. Architekt Günther Domenig hat es als liegende Hochhausskulptur entworfen. Es war eines der ersten Gebäude in Neu Marx.

## *In medias res*

Auf der anderen Seite der Brache, an der Karl-Farkas-Gasse, steht ein alter Backsteinbau, die Fleischmarktkasse, bis zur Schließung des Viehmarktes eine Bank für den dortigen Kredit- und Zahlungsverkehr. Daran schließt das Media Quarter Marx an, Österreichs größtes Medienzentrum mit Unternehmen aus der Medien-, Film- und PR-Branche. Den großen modernen Bau dahinter nutzt unter anderem die älteste noch erscheinende Tageszeitung der Welt, die Wiener Zeitung.

Prachtvoll ist die sanierte Kassenhalle des ehemaligen Schlachthofs, ebenfalls in einem Backsteinbau, sieben TV-Studios haben sich hier angesiedelt. Es kann durchaus passieren, dass einem ein Publikumsliebling aus einer Serie oder TV-Show über den Weg läuft. Im Marx Palast, dem riesigen Mehrzweckstudio, wird etwa die Kult-Talkshow „Willkommen Österreich" vor Publikum aufgezeichnet. Gratiskarten für den nächsten Termin werden online verlost. Mit Glück kann man Stermann & Grissemann live erleben und den Abend mit den beiden in der Marx Restauration ausklingen lassen. Genau dort, wo es schon zu Schlachthofzeiten ein Gasthaus gab.

Ein kleines Stück weiter, auf den Begrenzungen des Haupttores zum ehemaligen Schlachthofgelände, zwei wilde Stiere. Zum Glück nicht real, aber sehr realistisch. Seit 1883 thronen hier die mächtigen Sandsteinskulpturen eines ungarischen Steppenrinds und eines Pinzgauer Stiers. Links der zahme cisleithanische, rechts ein wilder ungarischer transleithanischer Stier, von seinem Treiber mit Mühe gebändigt. Dahinter, ein wenig über das alte Pförtnerhaus ragend, die Marx-Box, ein mehrteiliges Haus wie aneinandergereihte

Schuhschachteln, mit einer hell-dunkel geschnittenen gläsernen Fassade, die an genetische Codes gemahnen soll. Wieder einer der vielen Orte in Wien, an denen Alt und Neu eine Symbiose voller Schönheit eingehen.

Genetik spielt hier in St. Marx eine zentrale Rolle. Das Vienna BioCenter zählt zu den führenden Life-Sciences-Zentren Europas. Unter diesem Dachbegriff forschen und arbeiten akademische Einrichtungen und die Industrie im Bereich der Biowissenschaften zusammen.

Die Gestaltung des Robert-Hochner-Parks an der Helmut-Qualtinger-Gasse, die am Areal des BioCenters vorbeiführt, greift die Geschichte des alten und neuen St. Marx in ungewöhnlicher Art und Weise auf: Blut ist für den Landschaftsarchitekten Karl Grimm ein verbindendes Element. Ein Aderngeflecht aus Wegen, Rankbögen wie Blutgefäße, rote Blutkörperchen als Hochbeete. Das Sternbild des Stieres in eine Pergola hineingeschnitten. Dazwischen viel Wasser und Ruhezonen. Gewidmet ist der Park dem früh verstorbenen österreichischen Ausnahmejournalisten Robert Hochner, einem begeisterten Fan des Ausnahmekünstlers Helmut Qualtinger.

Über eine Treppe links der rosaroten Max Perutz Labs gehe ich hinauf auf den Rennweg. Rechter Hand über der Straße steht der Wildganshof, eines der letzten großen Bauprojekte des Roten Wien, eine der Bastionen der Sozialdemokratie in den Februarkämpfen 1934, die bis zuletzt gehalten werden konnten. Ich gehe via Grasbergergasse links zur Leberstraße. Ein Schild weist zum Friedhof St. Marx.

## *Biedermeier an der Autobahn*

Der weltweit letzte noch erhaltene Biedermeierfriedhof, der Friedhof St. Marx, liegt wenige Gehminuten die Leberstraße hinunter. Der kommunale Friedhof stammt aus der Zeit Josephs II., eines Reformers des späten 18. Jahrhunderts, der es sich mit den Wienerinnen und Wienern gründlich verscherzte, als er auch den Tod reformieren wollte. Statt mit Pomp und Glitzer sollte man in einem mehrfach zu verwendenden Sparsarg zur letzten Ruhestätte in einem Schachtgrab gebracht werden – gegen die Anordnung gab es heftigste Proteste. In einem dieser Schachtgräber wurde mutmaßlich auch der berühmteste Tote des Friedhofs, Wolfgang Amadeus Mozart, beigesetzt. Aber so genau weiß man es bis heute nicht: Er könnte auch auf dem Zentralfriedhof liegen. In typisch-wienerischer Manier erhielt Mozart sicherheitshalber gleich zwei Gedenkstätten.

Der Biedermeierfriedhof wurde 1880 geschlossen und fiel in einen Dornröschenschlaf. Auch wenn am Friedhof der Flieder wuchert und nicht die Rosen. Die Fliederblüte im Frühjahr ist die spektakulärste in Wien. Ungeachtet der Stadtautobahn, die daran vorbei- und darüber hinwegdonnert, ist der Friedhof, eingebettet in ein Wäldchen, ein stimmungsvoller, wildromantischer Ort geblieben.

Die Grabinschriften erinnern an die eitle Welt des Bürgertums und die wienerische Titelsucht. Bei jedem Besuch gehe ich auf Entdeckungsreise. Neu ist für mich das Grab einer geprüften Lehrerin und eines bürgerlichen Kanalräumers sowie einer fürstlichen Esterhazy'schen Oberbuchhalters-Witwe. Das Grab der k.k. Hof.Mundwäscherin Josefa Lang, die nur 36 Jahre alt wurde, kenne ich schon, wie auch das des herrschaftlichen Wirthschaftsraths und Mitglieds der n.oest. Landwirthschafts-Gesellschaft. Ein Grabstein erzählt die kurze Biografie des Herrn Joseph Vilser, Grundgerichts Beysitzers, dann Hausinhaber auf der Landstraße. Dass man Hausbesitzer war, ließ man gerne in den Grabstein gravieren. In einem vergleichsweise schlichten Grab mit schmiedeeisernem Kreuz wurde Herr Josef Madersperger, Erfinder der Nähmaschine, beigesetzt. Sehr poetisch hingegen ist die Grabinschrift für Yella, Freiin v. Spielmann, 23-jährig verstorben: „Ihr Leben liegt faltenlos und leuchtend ausgebreitet, kein dunkler Flecken blieb darin zurück."

Ich kann mich kaum lösen, bin jedes Mal berührt und verzaubert, gehe lange durch die Grabreihen. Manche Gräber sind von Efeu und anderen Schlingpflanzen in Besitz genommen, viele sind bereits freigelegt und restauriert. Dazwischen wie zufällig hingestellte Bänke. Der Weg führt ziemlich steil bergauf, ein gemächliches Tempo ist angebracht. Ich gehe bis zur Friedhofsmauer, wo die ältesten Gräber liegen. Langsam, immer wieder bei einem schönen Grabstein, einer besonderen Inschrift anhaltend, schlendere ich wieder hinunter zum Friedhofstor.

Hier ruhet
Frau
Magdalena Praschack
bürgl. Buchbinders-Gattin;
gestorben den 27. März 1870
im 54. Lebensjahre.

## *Mitten im Dritten*

Vom Friedhof St. Marx gehe ich zurück in die Grasbergergasse und steige dort für eine kurze Busfahrt in den 74A Richtung Stubentor ein. Ich liebe Busfahrten durch Gegenden, die für Fußmärsche nicht besonders attraktiv sind, aber Teile von Wien zeigen, die eben auch Wien sind. In der Rabengasse lohnt sich ein kurzer Hop-off.

Dort steht der Rabenhof, eine der sehenswertesten Wohnhausanlagen des Roten Wien, erbaut in der zweiten Hälfte der 1920er-Jahre. Als „romantisch-kleinstädtisch" wird er bezeichnet, durchzogen von einer Abfolge von Höfen und Plätzen, Durchgängen und Bögen. Unbedingt einen längeren Blick hineinwerfen! Herzstück ist das Rabenhoftheater, ein kleines, feines Etablissement, das sich seit dem Jahr 2000 mit einer Mischung aus Musik, Literatur, Kabarett, Altbewährtem wie Neuem bei einer treuen Fangemeinde etabliert hat.

Mit dem Bus geht es weiter in Richtung Landstraßer Hauptstraße, umgangssprachlich Landstraße, eine der bedeutenderen Geschäftsstraßen Wiens, gesäumt von stilistisch sehr unterschiedlichen Gebäuden. Von der Haltestelle Barichgasse gehe ich hinüber in den Arenbergpark, ein Überbleibsel des Gartens des 1958 abgerissenen gleichnamigen Palais. Im Sommer eine Oase, im Winter etwas trostlos, was durch die zwei grauen Flaktürme aus dem Zweiten Weltkrieg verstärkt wird. Ihr Codename war „Baldrian", sie haben jedoch nichts Beruhigendes an sich. In den 1970er-Jahren wollte das Künstlerpaar Christo und Jeanne-Claude einen der beiden Türme verhüllen – keine Genehmigung. Findig entwarfen sie Jahrzehnte später eine Briefmarke mit verhülltem Turm, es sei sehr wichtig, dass die ganze Welt von diesem Ort erfahre.

Die nahe gelegene Ungargasse zieht mich aus mehreren Gründen an. Einer ist die Verneigung vor der Schriftstellerin Ingeborg Bachmann. „Noch nie hat jemand behauptet, die Ungargasse sei schön, oder die Kreuzung Invalidenstraße-Ungargasse habe ihn bezaubert oder sprachlos gemacht“, schreibt sie in ihrem Roman „Malina“, in dem die Hauptfiguren in der Ungargasse wohnen, im Buch Ungargassenland genannt. Mag sein, sie aber hat der Gasse mit Malina ein Denkmal gesetzt. Ich finde sie durchaus sehenswert, liegen doch an beziehungsweise etwas neben ihr zwei Gebäude, die unterschiedlicher nicht sein könnten.

Einerseits das Geschäftshaus von Portois & Fix, einem der bedeutendsten Möbelbauer und Innenausstatter der österreichisch-ungarischen Monarchie, erbaut um die Jahrhundertwende. Max Fabiani, ein junger Architekt und späterer Mitarbeiter Otto Wagners, löste mit der für die damalige Zeit spektakulären Fassade – grünliche Kacheln ohne jedes Ornament – einen Skandal aus. Heute gilt Fabiani als einer der Väter der modernen Architektur in Wien.

Etwa drei Minuten entfernt per Treppe und Steg über die Stadtbahngleise ein kleines Stück Russland in Wien: die Russisch-orthodoxe Kathedrale zum heiligen Nikolaus, ein Backsteinbau mit goldenen Zwiebeltürmchen, viel, viel Gold und orientalischem Zypressenholz im Innenraum.

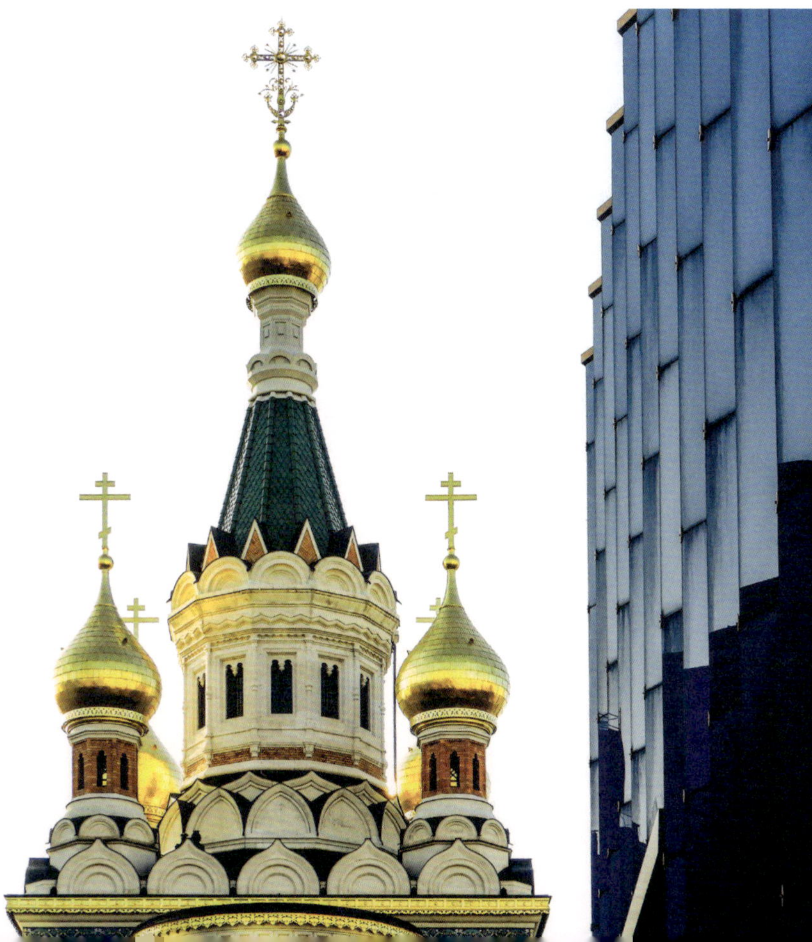

Über eine Allee entlang des Arenbergparks erreiche ich die Landstraße, die „Lebensader" des dritten Bezirks. Breite Gehsteige, viel Grün, gepflegte Geschäfte, viele Lokale, Banken und Hotels, also eigentlich nichts Außergewöhnliches. Dennoch gehe ich gerne dorthin, vielleicht weil sie so stinknormal ist und ohne großes Tamtam auskommt.

Es gibt sehr feine Dinge hier, wie das Lingenhel, Käserei, Feinschmecker-Treffpunkt und Restaurant mit wunderschönem Interieur. Einkaufen, essen, versumpern soll man hier laut Lingenhel-Website. Das geht ganz leicht. Da ich noch ein Stück des Weges vor mir habe, was dem Rohmilchkäse wenig bekömmlich wäre, begnüge ich mich mit ein paar Salumi und einem Stück Brot.

Den Pastéis de Nata, portugiesischen Blätterteig-Pudding-Törtchen, im winzigen Nata Lisboa schräg gegenüber kann ich niemals widerstehen. Gebacken in Lissabon, noch warm eingefroren, in Wien kurz in den Ofen geschoben. Auch zum Mitnehmen.

Die nächsten Versuchungen warten auf dem traditionsbewussten Rochusmarkt. Er ist relativ klein, hat aber fast alles, was das Herz begehrt, und liegt auf der Wiener Beliebtheitsskala weit oben. Heute wie auch sonst sind nur vereinzelt Touristen hier.

Durch einen Biedermeier-Durchgang im Sünnhof komme ich über eine lange, schmale, überglaste Passage von der Landstraße wieder in die Ungargasse. Im Sünnhof, einem Gewerbehof aus dem frühen 19. Jahrhundert, arbeiteten früher Handwerker in Gewölben zu ebener Erd. Seit der Renovierung in den 1980er-Jahren haben sich hier kleine Geschäftslokale, Cafés und ein Hotel angesiedelt.

Bald bin ich beim Stadtpark, der 1862 als Wiens erste öffentliche Parkanlage nach dem Plan eines Landschaftsmalers errichtet wurde. Vorbild: die naturnahen englischen Landschaftsgärten. Wiesen, Beete, ein Teich, verschlungene Wege und Nischen, in denen Frisch- und Langverliebte einen Platz zum Schmusen finden. Eine Pflanzenpracht, Raritäten wie Gingkobäume, Pyramidenpappeln, Kaukasische Flügelnuss und Christusdorn. Ein Park voller Denkmäler und Skulpturen. In seiner Achse der Wienfluss auf dem Weg vom Wienerwald zur Mündung bei der Urania. Man kann kaum glauben, dass dieses hübsch eingefasste Flüsschen in Wahrheit ein Wildbach ist. Ich spaziere die idyllische Uferpromenade mit Treppchen, Kolonnaden und kleinen Pavillons entlang, quere auf einer kleinen Brücke auf die andere Seite, auf einer weiteren wieder retour.

Am fast kitschig-schönen Teich lasse ich mich auf einer der Bänke nieder. Kostenlos. Bis Ende der 1950er-Jahre musste in den Wiener Parks bei Sesselfrauen für einen Leihsessel bezahlt werden. Nach der langen Tour wird es Zeit für meine Lingenhel-Jause. Wasser, wie immer, vom Trinkbrunnen. Schwäne ziehen vorbei.

Noch eine kleine Runde durch den Park. Das Gedränge beim goldenen Johann-Strauss-Denkmal meide ich. Ich verlasse ihn beim Wienflussportal, einem Jugendstiljuwel. Ein weiteres Juwel gleich daneben: eine der wenigen nahezu vollständig erhaltenen Stadtbahnbauwerke Otto Wagners, heute U-Bahn-Station der Linie 4. Die Innenstadt ist greifbar nahe.

## *Die wilden Bäche Wiens*

Durch Wien fließen rund fünfzig Wienerwaldbäche, der Wienfluss, umgangssprachlich „die Wien“, ist der längste. Die meisten Bäche sind nur noch am Stadtrand sichtbar und danach Teil der Wiener Kanalisation, eingewölbt oder verrohrt, in den Untergrund der Stadt verbannt. Der Wienfluss verläuft mit wenigen Ausnahmen, beispielsweise vom Naschmarkt bis zum Stadtpark, in einem offenen, betonierten Bett parallel zu den Gleisen der U-Bahn. Er gilt nach wie vor als Wildwasser. Nach Regengüssen ist das unübersehbar, da zeigt der kleine Bach, dass er noch immer wild und reißend sein kann.

Die Wildbäche waren seit dem 12. Jahrhundert Lebensgrundlage für die Wiener Bevölkerung. Im Laufe der Zeit hatten sich an ihnen zahlreiche Mühlen angesiedelt, Getreidemühlen, Waffenschleifmühlen, Steinmühlen und andere. Straßennamen wie Schleifmühlgasse, Mühlbachgasse, Heumühlgasse oder die noch erhaltene Heumühle im vierten Wiener Gemeindebezirk erinnern daran. Allein die Wien begleiteten zeitweise mehr als ein Dutzend Mühlbäche auf ihrem Weg in die Stadt. Einige der Mühlen waren bis ins 20. Jahrhundert hinein in Betrieb. Außer den Müllern übten auch Bäcker, Fleischer, Gerber und Färber ihr Handwerk an den Bachufern aus, später gesellten sich kleine und größere Industriebetriebe dazu. An den Steilhängen und Böschungen der Ufer ließen sich immer mehr Menschen nieder.

Das innere Wien war als erste Stadt Europas schon 1739 kanalisiert. In den Vorstädten waren die Bäche Kanal für jedweden Unrat, die Brühe stank bis in die Stadt hinein und wurde mehr und mehr zum Gesundheitsrisiko. Erst eine verheerende Choleraepidemie 1830/31 hatte zur Folge, dass die großen Bäche mit Gewölben versehen, die kleinen zur Spülung und Abfuhr von Abwässern in Rohre geleitet wurden. Zentraler Bestandteil des Kanalisationsnetzes, das schließlich über die Stadt und die Vorstädte gezogen wurde, sind die zwei „Hauptunratskanäle“ am Wienflussufer, die sogenannten „Cholerakanäle“. Bei Führungen in sieben Metern Tiefe können diese bis heute nahezu unveränderten Teile der Wiener Kanalisation abgeschritten werden.

Seit der Jahrhundertwende ist von den meisten Wiener Bächen nichts mehr zu sehen. Sie fließen streng reguliert unter dem Asphalt. Wieder sind es die Straßennamen, die deren Verlauf nachzeichnen: etwa unter der Krottenbachstraße, der Alserbachstraße, der Ameisbachzeile, dem Waldbachsteig. In ganz seltenen Fällen steigen sie an die Oberfläche und quellen aus den Kanaldeckeln heraus. Zeigen, dass sie noch da und nicht vollständig gebändigt sind.

Könnte man bei manchen Wiener Häusern unters Fundament blicken, man würde Überraschendes entdecken: Nicht nur in Venedig, auch in Wien stehen Häuser auf Pfählen – Piloten, wie sie in der Fachsprache heißen. Etwa in jenen Teilen Ottakrings und des Alsergrunds, wo früher Wildbäche flossen, oder rund um die Donau im ehemaligen Überschwemmungsgebiet. Der feuchte, lockere Untergrund war für größere Bauten nicht tragfähig genug. Man nahm daher Anleihen an der venezianischen Bauweise und stellte die Fundamente auf Pflöcke, die tief in den Boden gerammt wurden. Geschätzte 100 bis 150 Gründerzeithäuser in Wien stehen auf Holzpfählen. Am berühmtesten wohl die Mitte des 19. Jahrhunderts errichtete Rossauer Kaserne im neunten Bezirk, die seit 2020 auch den Namen eines bekannten Widerstandskämpfers trägt: Bernardis-Schmid-Kaserne. Das Fundament dieses Backsteinriesen steht auf 30 000 Pfählen.

Pfahlbauten sind in Wien also weiter verbreitet, als man denkt. Sorge, dass Wien das mögliche Schicksal Venedigs blühen könnte und irgendwann untergeht, braucht aber laut Bundesdenkmalamt nicht zu bestehen. Lediglich bei Bauvorhaben sei in manchen Gebieten etwas Vorsicht geboten.

# DIE STRECKE

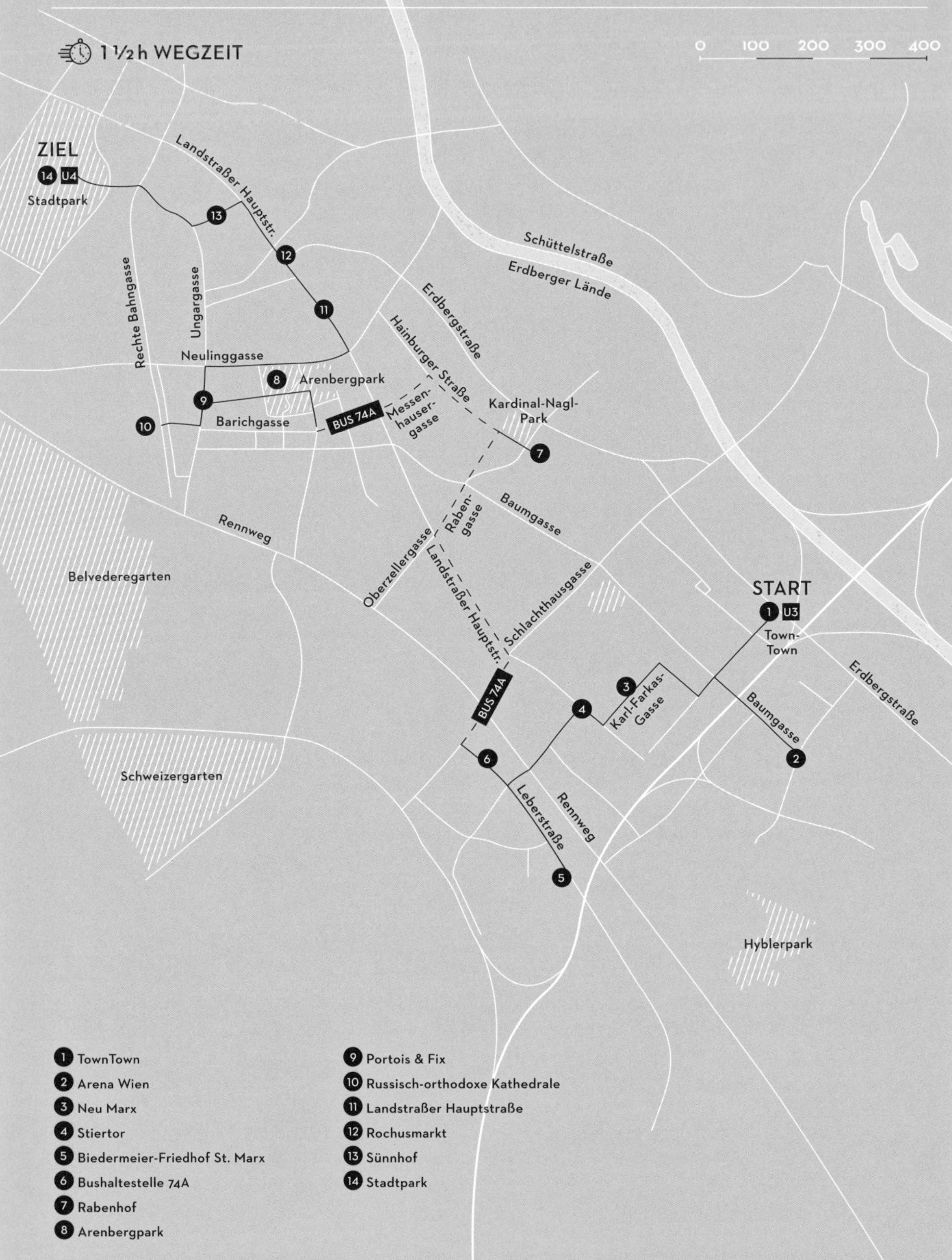

1 ½ h WEGZEIT
0 100 200 300 400
ZIEL
14 U4
Stadtpark
Landstraßer Hauptstr.
Schüttelstraße
Erdberger Lände
Rechte Bahngasse
Ungargasse
Erdbergstraße
Hainburger Straße
Neulinggasse
Arenbergpark
Kardinal-Nagl-Park
Barichgasse
BUS 74A
Messen-hauser-gasse
Baumgasse
Raben-gasse
Rennweg
Oberzellergasse
Landstraßer Hauptstr.
Belvederegarten
Schlachthausgasse
START
1 U3
Town-Town
Karl-Farkas-Gasse
Erdbergstraße
Baumgasse
BUS 74A
Leberstraße
Rennweg
Schweizergarten
Hyblerpark
1 TownTown
2 Arena Wien
3 Neu Marx
4 Stiertor
5 Biedermeier-Friedhof St. Marx
6 Bushaltestelle 74A
7 Rabenhof
8 Arenbergpark
9 Portois & Fix
10 Russisch-orthodoxe Kathedrale
11 Landstraßer Hauptstraße
12 Rochusmarkt
13 Sünnhof
14 Stadtpark

## Nützliche Informationen

Öffnungszeiten des Biedermeierfriedhofs St. Marx: 1. April bis 30. September: 6.30 bis 20 Uhr, 1. Oktober bis 31. März: 6.30 bis 18.30 Uhr. Der Park kann auch eine halbe Stunde früher oder später geschlossen werden.

Infos zu Führungen durch die Gasometer: www.wiener-gasometer.at/

## Der besondere Tipp

Verkehrsmuseum Remise der Wiener Linien. In der historischen Straßenbahnremise Erdberg, (3.), Ludwig-Koeßler-Platz, kann eine Zeitreise durch die 200-jährige Geschichte des öffentlichen Verkehrs in Wien unternommen werden. Von der Pferdetramway bis zur Silberpfeil-Garnitur, mit Einblick in die Fahrzeugtechnik, einem U-Bahn-Simulator und verschiedenen Mitmach-Spielen ist alles dabei, was ein Kinderherz und interessierte Erwachsenenherzen erfreuen kann.

## Kultur

L.E.O. – Letztes Erfreuliches Operntheater, (3.), Ungargasse 18. Eine unkonventionelle Opernbühne, sehr unterhaltsam, während der Vorstellung gibt es Schmalzbrot und Gspritzten, das Publikum darf mitsummen, manchmal muss es einspringen, wenn es größere Besetzung oder einen Chor braucht. Natürlich nach kurzer Einschulung.

## Lieblingslokale

Elvira's, (3.), Seidlgasse 39. Hausgemachte traditionelle ukrainische Küche, Borschtsch, Krautrouladen, Wareniki-Teigtaschen mit diversen Füllungen und die umwerfende Napoleon-Torte, eine Schichttorte aus hauchdünnen, einzeln gebackenen Teigschichten und Buttercreme. Wenn die Torte gerade zubereitet wird, erlaubt Elvira auch einen Blick in die Küche.

Hemmers, (3.), Gärtnergasse 12, gemütliches, familiengeführtes Lokal mit Stil. Christian Hemmer, der Südtiroler Wurzeln hat, kocht ohne Schnickschnack österreichische und Südtiroler Küche. Eva Hemmer sorgt für die passende Weinbegleitung.

## Wegzehrung

Unter anderem in Josephs „Bäckerei, Patisserie, Bistro", bio, von einem der ersten „Renaissanciers", wie er es selbst nennt, der Wiener Brotkultur, (3.), Landstraßer Hauptstr. 4.

## Und was ich noch sagen wollte …

Wenige Minuten vom Stadtpark entfernt befindet sich seit 1999 einer der ungewöhnlichsten Brunnen Wiens, der Marokkanerbrunnen. Er war ein persönliches Geschenk des damaligen Königs von Marokko als Ausdruck der freundschaftlichen Beziehung zu Österreich. In dem mit farbenprächtigen Mosaiksteinen reich verzierten Brunnen fließt Wiener Hochquellwasser.

PIRAT
PIRAT

92 – 109

# Wien an die Donau

***Strandtour inmitten von Idylle und Urbanität***

Alte Donau – Fischerstrand – Laberlweg – Kaiserwasser – Goethehof – DC-Kirche – Vienna DC – DC Tower CopaBeach – Donauinsel – Vorgartenmarkt – Rudolf-Bednar-Park – Freie Mitte – Austria Campus – Praterstern

2 STUNDEN WEGZEIT

*Nostalgisches Badevergnügen an der Alten Donau. Bootfahren, Leuteschauen, alte Wirtshäuser am Wasser mit üppiger Speisekarte. Zwei legendäre Gemeindebauten des Roten Wien, der eine bekannt durch die Februarkämpfe, der andere durch die Fernsehserie Kaisermühlen Blues, die überwiegend hier gedreht wurde. Ein zweites Stadtzentrum auf der Donauplatte mit imposanter Skyline. An der Neuen Donau Strandfeeling am CopaBeach und auf der Donauinsel. Alles nur wenige U-Bahn-Minuten von der Innenstadt entfernt. Unweit davon ein neuer Stadtteil auf der Brache des früheren Nordbahnhofs, Stadtwildnis zwischen alten Gleisanlagen der sogenannten „Freien Mitte". Live einer Stadt beim Verändern zuschauen.*

keine Angst

## *Kaisermühlen ohne Blues*

„Bei uns in Kaisermühlen lasst sich's schon leben, was? Fast wie auf den Kanarischen Inseln is' es bei uns, wauns Wetter schen is. Na is es net so?" Mit diesem Satz beginnt die erste Folge der Fernsehserie Kaisermühlen Blues. Kultserie der 1990er-Jahre mit Rekordquote, die Zeitschrift TV-Media schrieb damals: „Die Zuseher sind süchtig nach dem Blues, der wahrer ist als das wahre Leben." Ort der Handlung: die 10er-Stiege des Schüttauhofs, eines Gemeindebaus des Roten Wien aus der Zwischenkriegszeit, einen Steinwurf entfernt vom historisch bekannteren Goethehof am Kaiserwasser. Blues? Ich weiß nicht, was den Autor der Sendung Ernst Hinterberger bewogen hat, die Serie so zu betiteln. Mir fallen dazu die wienerischen Varianten des Klagens ein: sudern, räsonieren, raunzen oder depressiv Vor-sich-hin-Stieren. Die Serie handelt jedenfalls von den alltäglichen Begebenheiten und Problemen der größtenteils dem Arbeitermilieu entstammenden Bewohnerinnen und Bewohner.

Kaisermühlen war bis 1850 eine eigenständige Gemeinde und ist heute ein Stadtteil Wiens im 22. Bezirk, der Donaustadt. Kaisermühlen liegt doppelseitig an der Donau: an der Alten Donau auf der einen und der Neuen Donau auf der anderen Seite. Es hat einen dörflichen Kern, große Gemeindebauten, Kleingartensiedlungen, aber auch eine hochmoderne Seite. In der Donau City, an der Waterfront der Neuen Donau, entsteht wenige Minuten vom historischen Zentrum Wiens entfernt ein zweites Stadtzentrum mit Hochhaustürmen. So rücken die Donaustadt und das ursprüngliche Zentrum, die Innenstadt, näher aneinander.

Mitten in der Stadt baden gehen? Kaisermühlen macht's möglich, und zwar sowohl an der Neuen als auch an der Alten Donau. Beides Naherholungsgebiete ersten Ranges. Beides Resultat zweier Donauregulierungen: die eine 1870, bei der die Alte Donau, ein Hauptarm des Donaustroms, abgetrennt wurde. Die andere hundert Jahre später, ein Entlastungsgerinne zum Schutz vor Hochwasser, heute bekannt als Neue Donau.

Um an die Alte Donau zu kommen, muss ich die „Donau" dreimal queren: den Donaukanal, die Donau, die Neue Donau. Auf gut Wienerisch „a brader Weg", wollte man ihn zu Fuß zurücklegen. Mit der roten U-Bahn-Linie 1 dauert es neun Minuten.

Die Station Alte Donau im Rücken liegen rechter Hand die meisten Strandbäder, wie das Bundesbad Alte Donau, das Strandbad Alte Donau, das Eisenbahner-Strandbad und das Strandbad Angelibad, Letzteres bereits im Nachbarbezirk Floridsdorf. Ich gehe allerdings in die andere Richtung, zur Wagramer Straße, danach den Fischerstrand entlang. Auf der Wagramer Straße begegnet mir eine kleine Hochhausgruppe, der Wohnpark Alte Donau, in der Mitte Obelix. Der Bau ist blau-weiß längs gestreift, daher sein Spitzname. Eigentlich heißt er Runder Wagramer. Erdacht vom Büro Gustav Peichl, Architekt und Karikaturist. Er wollte etwas Heiteres schaffen, sagte er. Gleich daneben ein spektakulärer Bau von Coop Himmelb(l)au mit schräg aufgesetztem Glaskörper, als Dritter im Bunde der Turm der NFOG-Architekten, quadratisch, mit interessanten Vorsprüngen an den Obergeschoßen.

Am Fischerstrand steht seit 1893 das beliebte Restaurant Zur Alten Kaisermühle, mit Terrassen stufenförmig zum Wasser hinunter. Anlegen am lokaleigenen Holzsteg ist möglich. Das kulinarische Angebot ist gemischt, ein bisschen mediterran, ein bisschen wienerisch, am beliebtesten sind die Spareribs vom Holzkohlengrill. Zumindest für ein Getränk sollte man hier unterbrechen.

Weiter geht es über das Rote Brückerl zum Laberlweg. Ein Freund, der dort aufgewachsen ist, schwört, dass das Brückerl so heißt, auch wenn es nirgendwo vermerkt ist. Als Jugendliche seien sie von dort ins Wasser gehüpft, um Madln zu erschrecken, die mit den Booten darunter durchfuhren. Der Laberlweg ist auf der einen Seite von Häuschen in kleinen, eingezäunten Grundstücken gesäumt, auf der anderen reihen sich private Parzellen am Wasser und der eine oder andere Bootsverleih. Wem nach einer Bootspartie ist, der oder die kann hier verschiedenste Wasserschinakl mieten: Boote, elektrisch oder zum Rudern, Sofaboote, Waterbikes, Stand-up-Paddle-Boards und was sonst gerade in ist an der Alten Donau.

Von hier sehe ich hinüber auf das denkmalgeschützte Gänsehäufel, das erste öffentliche Freibad Wiens. Es wurde 1907 als „Strandbad der Commune Wien am Gänsehäufel" eröffnet, seither nutzt es vor allem die Wiener Bevölkerung für ihren Stadturlaub. Es ist nicht nur das größte, sondern auch das meistbesuchte Bad Wiens und eines der größten Süßwasserfreibäder Europas. Eine Institution mit eigener Subkultur, die sich rund um die Kabanen, kleine gemietete Dauerkabinen mit Vordach und Miniterrassen, aber ohne Strom und Wasser, entwickelt hat. Sie werden von Generation zu Generation vererbt – derzeit 20 Jahre Wartezeit für Nicht-Erbberechtigte. Drei Quadratmeter werden im Sommer für viele zum Zweitwohnsitz. Allerdings nur tagsüber. Wie alle anderen müssen auch sie spätestens um 20 Uhr beim Erklingen des Badeschlussliedes, gesungen von der Wiener Band 5/8erl in Ehr'n, nach Hause gehen oder fahren: „Badeschluss. / Es ist vorbei. / Wo der Tag die Nacht begrüßt." Im Sommer gibt es einen Shuttlebus zur U-Bahn-Station.

Beim Café Restaurant Schinakl am Laberlweg biege ich rechts auf einen kleinen Feldweg ein und gehe zum Kaiserwasser, einem Seitenarm der Alten Donau. Das Kaiserwasser zählt für mich zu den schönsten Naturbadeplätzen der Stadt, im Sommer ist es sehr, sehr gut besucht. Trotz gewisser Vorbehalte der etwas empfindlicheren Gemüter: Die Unterwasserpflanzen sorgen für gute Wasserqualität und Fischreichtum, kitzeln beim Schwimmen aber gelegentlich an den Beinen. Dass einen die Schlingpflanzen nach unten ziehen könnten, gehört ins Reich der Schauermärchen. Mit den Mähbooten Berki, Aquarius & Co und gezielten Taucheinsätzen versucht die Gemeinde Wien, dessen Herr zu werden. Gelingt nicht vollständig. Hecht, Wels, Rotfeder, Laube oder Güster weichen Schwimmenden in der Regel aber aus.

Der Blick über das Kaiserwasser auf das Panorama des neuen Hochhausviertels Vienna DC ist überwältigend. Auf der großen Liegewiese vor dem Goethehof ist heute nur wenig Betrieb. Einzelne Sonnenhungrige sitzen oder liegen im Schatten der imposanten Bäume, deklarierte Naturdenkmäler. Die Badesaison ist definitiv vorbei. Stattdessen: Erholung pur, im Rücken Historie, vor mir Gegenwart und Zukunft, nur eine Straßenkreuzung voneinander entfernt, wie so oft in Wien. Der beste Platz für meine Wegzehrung, die ich heute mangels ansprechenden Angebots in der Gegend von zu Hause mitgenommen habe. Ein kleines Schnitzel mit Erdäpfelsalat aus der Proviantbox ist das Gebot der Stunde.

Der Goethehof: bei seiner Eröffnung 1932 einer der größten Gemeindebauten in Wien, mit 50 Stiegen und ursprünglich 727 Wohnungen. Ein Musterbeispiel des Wohnbauprogramms des Roten Wien. Während der Februarkämpfe 1934 war er ein Bollwerk des sozialdemokratischen Aufstandes gegen das Dollfuß-Regime.

Nach einer kleinen Unterführung unter der Wagramer Straße zur U1-Station Kaisermühlen – Vienna International Centre lande ich abrupt in einer völlig anderen Welt, zwischen den Türmen des ersten in Wien gebauten Hochhausviertels. Auf der Platte über einem ehemaligen Müllplatz erheben sich sechs beeindruckende Bauten, 75 bis 250 Meter emporragend. Kaum zu glauben bei der an sich reflexhaften Aversion Wiens gegen alles, was in die Höhe strebt. Diese Wiener Variante der Höhenangst, Furcht vor dem Blick nach oben, hat schon vielen Bauvorhaben den Kopf gekostet. Hoch ist in Wien bald einmal etwas: Ab 35 Metern Höhe ist ein Haus laut Wiener Bauordnung ein Hochhaus.

Am Eingang zur Vienna DC besticht zunächst ein ungewöhnlicher, flacher Kubus mit einer schwarzglänzenden Außenhaut aus Chromstahlplatten und verglasten Flächen. Das große weiße Kreuz an der Fassade verrät, dass es sich um eine Kirche handelt, die Donaucity-Kirche „Christus, Hoffnung der Welt". Im Inneren eröffnet sich ein lichter Kirchenraum aus hellem Birkenholz, ebenso ungewöhnlich gestaltet wie der Gebäudekörper, alles aus einer Hand bis hin zu den Heizkörpern. Entworfen hat die Kirche Heinz Tesar, ein österreichischer Architekt, Künstler und Literat.

Im Rücken der Kirche stehen zwei Veteranen unter den Gebäuden der Donau City: die Y-förmigen Bauten des Wiener Amtssitzes der Vereinten Nationen und das daran angebundene Austria Center Vienna, ein einst umstrittenes Kongresszentrum. Linker Hand geht es hinein in die neue Donau City, mit dem ältesten Bau, dem ellipsenförmigen Büroturm Andromeda Tower. Mit stattlichen 113 Metern inklusive Antenne ist es eines der höchsten Gebäude Wiens. Der Ares Tower und der Saturn Tower kratzen an der 100-Meter-Marke, sie sind quasi die Eckpfeiler der Wohnbauten in diesem neuen Viertel, des

Mischek Towers und des Wohnparks Donaucity mit seinen rund 1000 Wohnungen. Der Mischek Tower, aus Betonfertigteilen gebaut, gilt mit 110 Metern Höhe als das höchste Fertigteilhaus weltweit. Höhenmäßig mit 75 Metern weit abgeschlagen ist das Tech Gate Vienna, ein Wissenschafts- und Technologiepark unweit des Highlights der Vienna DC: des DC Towers von Dominique Perrault.

Hat sich bei den anderen Bauten eine berühmte Garde der österreichischen Architektur verewigt – Wilhelm Holzbauer, Heinz Neumann, Hans Hollein, Sepp Frank, das Architektenpaar Delugan-Meissl –, wurde das Meisterstück der Donau City in die Hände eines Franzosen gelegt. Der DC Tower 1, der erste eines dreiteiligen Hochhausensembles, sticht in jeder Hinsicht aus den Bauten hervor: in Sachen Höhe – 250 m – und in Sachen Eleganz. Der Blick aus Restaurant, Bar und Lounge des Meliá Hotels im 57. und 58. Stock des Towers ist atemberaubend.

Ein wenig zugig ist es zu ebener Erd, gelegentlich pfeift ein kalter Wind, wenig Grün, kaum Plätze zum Hinsetzen, aber es ist ja nicht weit zum Strand. Ich gehe die Rampe neben dem Tower hinunter zum CopaBeach.

## *Strandeln unter Hochhäusern*

Meerfeeling inmitten der Stadt verspricht die Werbung für die seit Kurzem in „CopaBeach“ umgetaufte, der Donau City vorgelagerte Uferpromenade an der Neuen Donau. Früher hieß sie CopaCagrana, war „dreckig, cheap, laut, chaotisch – also irgendwie lustig“ (© Florian Holzer), mit einer lebendigen Lokalszene. Cagrana eben, augenzwinkernd auf den damals etwas verschrienen Stadtteil Kagran und den berühmten Strand Rios Bezug nehmend. Die Mischung stimmte, irgendwie. Einigermaßen heruntergekommen war sie zugegebenermaßen zuletzt auch. Mehrere Jahre wurde sie umgestaltet, zum Beach, der auch besser zur neu entwickelten Umgebung passen soll. Viele Grünflächen, viele Bäume, Liegestühle im Sand, eine große Liegeterrasse am Wasser. Tagsüber eher ruhig, ideal zum „Chillen“ und für gemütliche Spaziergänge am Donauufer. Für Sportliche gibt es, ein Stück weit entfernt, einen Skatepark und die größte schwimmende Trampolin-Anlage der Welt. Kulinarisches von der Asia Bowl bis zum Backhendl. Viele Cocktailbars, abends wird es fröhlich und laut. Und das alles einen Katzensprung vom Stephansplatz entfernt, mit der U-Bahn sind es nur sechs Minuten.

Gegenüber, mit einem großspurig „Ponte Kagrana" betitelten, kleinen, etwas wackeligen Steg verbunden, erstreckt sich die Donauinsel, ein Nebenprodukt des Hochwasserschutzes. Mit dem Bau des Entlastungsgerinnes und der Aufschüttung einer Insel in der Donau war ein früheres Eldorado Wildbadender entlang des Überschwemmungsgebiets verloren gegangen. Als Alternative ließen die Wiener Stadtoberen die brache Donauinsel in ein Freizeitparadies umwandeln. Trotz aller Widerstände gegen das „Milliarden-Dings", die „trost- und fantasielos angelegte Insel zwischen zwei Donaurinnen". Die auflagenstärkste österreichische Tageszeitung schrieb 1973: „Wer glaubt im Rathaus wirklich, dass Erholungssuchende zu kilometerlangen Fußmärschen bereit sind? Das Resultat wird eine Insel ohne Menschen sein." Großer Irrtum, rund 190 000 Menschen besuchen die Donauinsel an einem Schönwettertag, beim jährlich stattfindenden Donauinselfest sind es 2,7 Millionen. Donauinsel heißt heute: 42 Kilometer Badeufer, 150 Kilometer Wege, unzählige Freizeitaktivitäten im und am Wasser, U-Bahn- und S-Bahn-Anschluss. Selbst an die Nackerten wurde gedacht, gekennzeichnete FKK-Strände gibt es am oberen und unteren Ende der Insel, ruhige Plätze ohne FKK findet man dort auch. Im nördlichen Teil der Insel „mäht" eine Schafherde das Gras.

Die Donauinsel ist heute gemeinsam mit der traditionsreichen Alten Donau Wiens beliebtester Naherholungsraum am Wasser.

## *Vom Bretteldorf zur zweiten City*

Begonnen hat alles mit einer Mülldeponie und dem dortigen Bretteldorf, einer wilden Siedlung mit Holzhütten, die der WIG 64, der Wiener Internationalen Gartenschau, weichen mussten. In die Mitte des Ausstellungsgeländes wurde der für die damalige Zeit futuristische Donauturm gebaut, heute eines der weithin sichtbaren Wahrzeichen Wiens. Von der Aussichtsterrasse auf 155 Metern Höhe oder vom noch 15 Meter höher gelegenen Drehrestaurant hat man nach einer rauschenden Fahrt im Expresslift einen 360-Grad-Rundumblick über Wien und die Donau, der seinesgleichen sucht.

Nach der Gartenschau 1964 wurde das Ausstellungsgelände zum heutigen Donaupark. Daran schließen heute die Wiener UNO-City, offizieller Name „Vienna International Centre“, und die Donau City, der neue Stadtteil Vienna DC, an.

Die UNO-City wurde 1979 eröffnet und 1987 um das Austria Center Vienna, ein Kongresszentrum, erweitert. Gegen den Willen der Wiener Bevölkerung, der in einem der stimmenstärksten Volksbegehren Österreichs zum Ausdruck kam. Eine erfolgreiche Volksbefragung gegen die Expo 95, die Wien und Budapest gemeinsam hätten ausrichten sollen, war letztlich die Geburtsstunde des neuen Stadtteils: Die Reste der Mülldeponie waren gründlich entsorgt, die entstandene Mulde überplattet worden, mit der Donauplatte stand auf dem ursprünglich für die Expo 95 vorgesehenen Platz das Fundament für den späteren Stadtteil bereit.

Schon bei den Planungen für die Weltausstellung gab es Überlegungen für die spätere Nutzung des Geländes. Ein Masterplan wurde erstmals 1991 erstellt. Die Vision: ein modernes, zweites Zentrum unweit der historischen Innenstadt. Ein dichtes, urbanes, aber dennoch grünes Ensemble. Wien mit der Donau City endlich wieder näher an die Donau bringen. Das ist noch nicht ganz aufgegangen.

Die ersten Bauten entstanden schon Ende der 1980er-Jahre: der Andromeda Tower, ein Bürohochhaus von Wilhelm Holzbauer, ein Wohnhochhaus des international tätigen Stararchitekten Harry Seidler und der IZD Büro Tower an der Wagramer Straße. Ab diesem Zeitpunkt entstand ein Projekt nach dem anderen. Für den letzten Abschnitt des Projekts erstellte Dominique Perrault den Masterplan. Er entwarf als Eingangstor zur Donau City einen in der Mitte gespaltenen, auseinandergeschobenen Kristall in Gestalt von Zwillingstürmen, die symbolisch das Tor bilden sollten. Eine Torhälfte, der DC Tower 1, steht bereits. Noch während ich schreibe, hat sich aber schon alles verändert. Der Zwilling, der DC Tower 2, wird aus Kostengründen glatt und gerade geschliffen, goldfarben statt schwarz und niedriger. Das Eingangstor ist damit passé.

Rundum wird weiter gebaut. Gegenüber, an der Wagramer Straße, entsteht mit den Danube Flats das höchste sowie erste begrünte Wohnhochhaus Österreichs. Zum Missfallen der Bewohnerinnen und Bewohner des gegenüberliegenden Seidler-Turms, die sich in ihrer Sicht eingeschränkt fühlen. Stadtplanung ist nicht immer einfach.

Die Geschichte der Donau City ist eine lange, noch unvollendete Geschichte von Visionen, Planungen, Verwerfungen, kühnen Bauten und Bausünden, Aufbruch, Umbruch und kritischer Betrachtung bis hin zum Protest. Wie das Ganze ausgehen wird? Nach Ende der ersten Bauetappe Mitte der 2000er-Jahre hielt es Österreichs wichtigster Architekturtheoretiker Friedrich Achleitner für zu früh, um den neuen Stadtteil zu beurteilen: „Eine römische Planstadt hat rund 300 Jahre zur Entwicklung gebraucht – wir blicken jetzt erst auf 10 Jahre Donau City zurück. Allerdings sehe ich hier zugegebenermaßen nur mehr wenig Spielraum für die nächsten 290.“ Wie immer er das gemeint hat. Nun, nochmals 15 Jahre später, wird noch immer gebaut, umgeplant, weiterentwickelt. Der Spielraum wird stetig kleiner.

## *In die Freie Mitte*

Von der Donauinsel gehe ich hinauf zur gleichnamigen U-Bahn-Station und von dort rechts weiter über die Reichsbrücke. Die Donau ist wie erwartet nicht blau – eine klassische Schönfärberei im berühmten Donauwalzer von Johann Strauss –, sondern wie immer grau. Obwohl, später wird dann vom silbernen Band gesungen, das kommt schon eher hin. An der Anlegestelle am stadtseitigen Donauufer liegen die Kreuzfahrtschiffe in Zweierreihen, die Reisenden werden von dort mit Bussen in die Stadt gekarrt, um dann in Karawanen und im Schnelldurchlauf die innerstädtischen Highlights zu absolvieren.

Von der Lasallestraße geht es links durch die Radingerstraße zum Vorgartenmarkt, rechts in das Nordbahnviertel. Der Vorgartenmarkt ist ein wenig bekannter Markt im Stuwerviertel, einer ehemals berüchtigten Rotlichtgegend, heute langsam, aber sicher am aufsteigenden Ast. Auf dem Markt und in der Gegend rundherum siedeln sich nach und nach kulinarisch interessante Lokale und Geschäfte an. Noch sind die Bewohnerinnen und Bewohner des Grätzels hier weitgehend unter sich, das kann sich aber rascher ändern, als man denkt. Fünf Minuten entfernt ist das in seiner Art europaweit einzigartige Circus- und Clownmuseum. Als „Archiv der wirklichen Träume und geträumten Wirklichkeiten" hat es der Poet André Heller einmal bezeichnet.

Rechts führt die Radingerstraße direkt ins Nordbahnviertel, wo auf dem Gelände des ehemaligen Nordbahnhofs und Frachtenbahnhofs in einer der größten innerstädtischen Entwicklungszonen ein neuer Stadtteil entsteht. Sukzessive. Das Gebiet an der Lasallestraße wurde schon vor 30 Jahren mit Bürogebäuden verbaut und dehnte sich ab der Jahrtausendwende immer weiter zum Nordbahnhofareal hin aus.

Bis 2026 werden dort nach und nach rund 5200 Wohnungen sowie Gewerbeflächen und Geschäftslokale in den Erdgeschoßzonen errichtet. Mehr als 40 Prozent der Wohnungen werden preiswerte Mietwohnungen sein.

Rund um den Rudolf-Bednar-Park, eine weitläufige Grünanlage, sind die Bauten schon fertig und bezogen. Im Park wachsen 280 Bäume sowie schön geformte Blütensträucher in sogenannten Quartiergärten. Auf dem Rasen sitzen kleine Picknickrunden, andere machen es sich in den Hängematten an den hohen orangefarbenen Stäben bequem, wieder andere trainieren an den aufgestellten Fitnessgeräten. Manche ernsthaft, manche mit dem Handy am Ohr. Für Kleinkinder gibt es einen Gatschplatz, für die Größeren Plätze zum Skaten, Basketball- und Streetballspielen.

Die Lage des Viertels ist einzigartig. In wenigen Minuten ist man von hier sowohl in der Innenstadt als auch in den umliegenden Erholungsgebieten an der Neuen und Alten Donau, im Grünen Prater und im Augarten. Auch im Viertel selbst bleibt es grün. In der Freien Mitte, Herzstück der weiteren Bebauung des Nordbahnviertels, bleiben rund neun Hektar Stadtwildnis, die zwischen alten Gleisanlagen frei wuchern darf, unverbaut und allgemein zugänglich. Mit Gebüsch, Pfaden und Vogelgezwitscher. Hier steht auch das letzte bauliche Überbleibsel des alten Nordbahnhofs, der denkmalgeschützte Wasserturm. Ob und wie er künftig genutzt werden wird, steht noch nicht fest.

Von der Freien Mitte spaziere ich mit kleinen Umwegen zur Bruno-Marek-Allee. Noch ist vieles unfertig, Baukräne und Baulärm an so manchen Ecken und Enden. Rund um den Austria Campus, das Headquarter der gleichnamigen Großbank, ist das meiste bereits fertiggestellt. Im Bürokomplex der Bank gibt es ein Budget Design Hotel, mehrere Lokale und Einkaufsmöglichkeiten, die im Viertel sonst noch dünn gesät sind. Federführend war Boris Podrecca am Werk: Geboren in Belgrad, aufgewachsen in Ljubljana und Triest, ausgebildet und wohnhaft in Wien, zählt er zu den renommiertesten Architekten Europas. Inspirationen für den Austria Campus hat er sich bei Gottfried Semper, Otto Wagner und Adolf Loos geholt, und in Istanbul, wo ihn das Spiel aus Licht und Schatten stets beeindruckt.

Auch auf der Bruno-Marek-Allee, einer Wohnallee, ziehen in die Erdgeschoße Lokale, Shops und Start-ups ein, für die es attraktive, flexible Raumangebote gibt. Es kommt mehr und mehr Leben in die Allee. Ein bekannter Bio-Bäcker hat sich mit einem grünen Ex-Politiker zusammengetan und eine Bäckerei eröffnet, in der Flüchtlinge und Langzeitarbeitslose eine Beschäftigungschance bekommen. Ähnlich wie im Restaurant Habibi&Hawara Nordbahn mit seiner köstlichen orientalischen Küche. Beide unbedingt probieren!

Vom Austria Campus bin ich in wenigen Minuten beim Praterstern, von dort nach einer sehr kurzen Fahrt mit der U-Bahn in der Innenstadt.

# DIE STRECKE

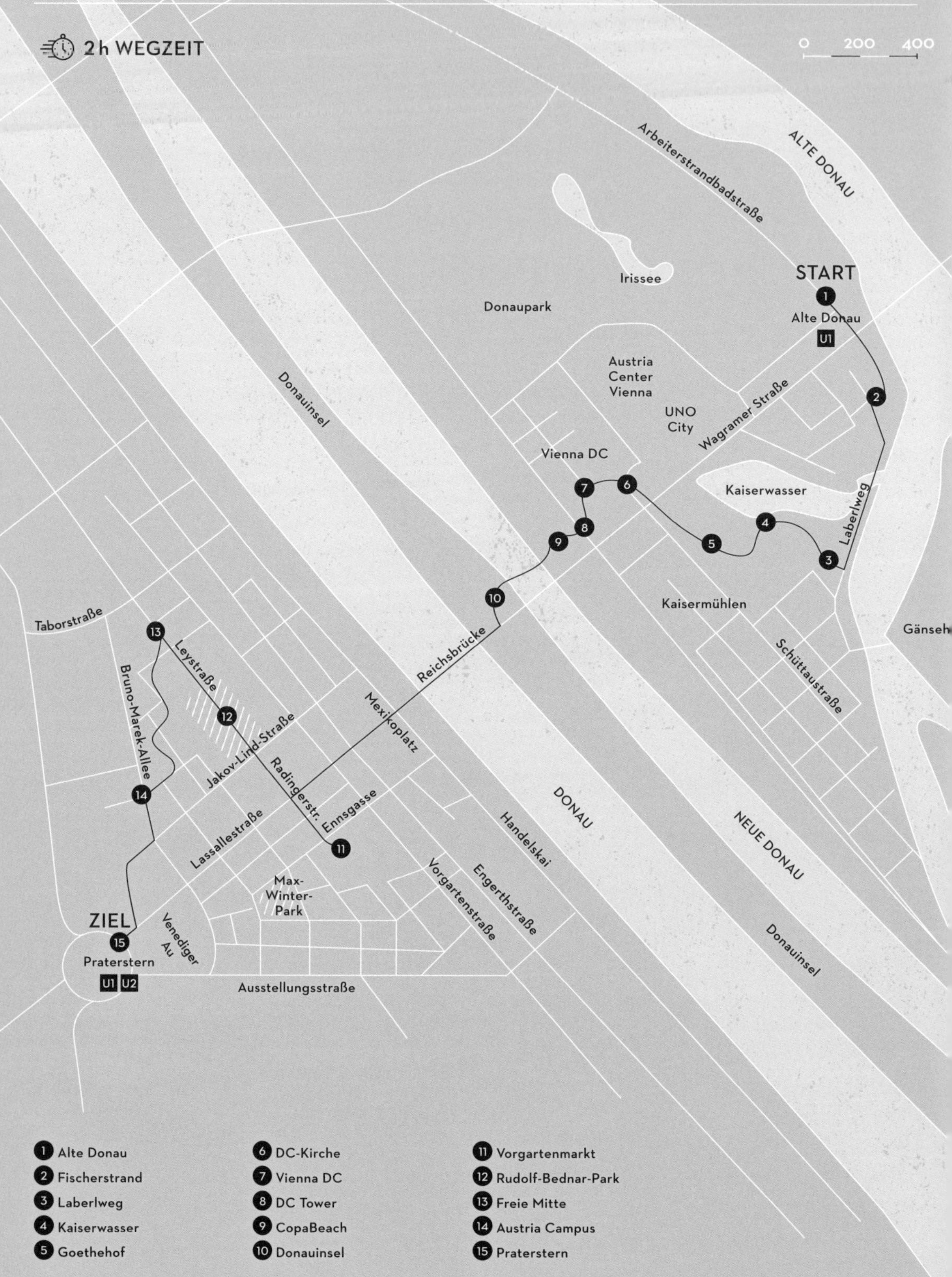

2 h WEGZEIT
0 200 400
ALTE DONAU
Arbeiterstrandbadstraße
Irissee
Donaupark
START
Alte Donau
U1
Austria Center Vienna
UNO City
Wagramer Straße
Vienna DC
Kaiserwasser
Laberlweg
Kaisermühlen
Gänseh
Schüttaustraße
Donauinsel
Reichsbrücke
Mexikoplatz
Taborstraße
Leystraße
Bruno-Marek-Allee
Jakov-Lind-Straße
Radingerstr.
Ennsgasse
Lassallestraße
Max-Winter-Park
Handelskai
DONAU
NEUE DONAU
Vorgartenstraße
Engerthstraße
Donauinsel
ZIEL
Venediger Au
Praterstern
U1 U2
Ausstellungsstraße
1 Alte Donau
2 Fischerstrand
3 Laberlweg
4 Kaiserwasser
5 Goethehof
6 DC-Kirche
7 Vienna DC
8 DC Tower
9 CopaBeach
10 Donauinsel
11 Vorgartenmarkt
12 Rudolf-Bednar-Park
13 Freie Mitte
14 Austria Campus
15 Praterstern

# NACHSCHLAG

## Nützliche Informationen

Von den U-Bahn-Stationen Alte Donau (U1) und Neue Donau (U6) fährt jede halbe Stunde ein kostenloses E-Bus-Shuttle zum Donauturm, Fahrtzeit fünf Minuten. Fahrplan unter: www.donauturm.at/de/ihr-besuch

## Der besondere Tipp

Die METAStadt mit dem METAMarkt, (22.), Dr. Otto-Neurath-Gasse 3/Stadlauer Straße 41a. In einem außergewöhnlichen alten Fabriksgelände findet jeden Sonntag von 7 bis 14 Uhr ein riesiger Flohmarkt – von Secondhand bis Antiquitäten – im dortigen ALTEN WAGENWERK statt. Jeden ersten Sonntag im Monat gibt es zusätzlich einen Kinder- und Jugendflohmarkt. Am einfachsten erreichbar mit der U1 bis Station Kagran, dann mit der Straßenbahnlinie 25 bis Erzherzog-Karl-Straße, von dort zehn Minuten zu Fuß.

## Kultur

Orpheum Wien, (22.), Steigenteschgasse 94b. Früher ein riesiges Kino, heute eine Kleinkunstbühne. Unter anderem Hochburg der Wiener Kabarettszene, angereichert mit internationalen Stargästen. Man sitzt gemütlich an Tischen und kann sich dort das eine oder andere Getränk von der Saalbar munden lassen. Im Juli und August geschlossen.

## Lieblingslokale

Das Bootshaus, (22.), An der unteren Alten Donau 61. Die Lage am Ufer der Alten Donau gegenüber dem Gänsehäufel mit Terrasse am Wasser ist fast unüberbietbar, das Essen sehr gut, ein kurzer Sprung ins Wasser erlaubt. Zum Gänsehäufel gibt es einen historischen Bezug: Das rundum renovierte Lokal war zuvor Schutzhaus der Kleingartenkolonie Neu-Brasilien, gegründet vom Naturheilkundler Florian Berndl, der ursprünglich im Gänsehäufel seine Wirkstätte hatte.

## Wegzehrung

Auf dieser Route ist Selbstverpflegung angesagt: im Gepäck ein Wiener Schnitzel mit Erdäpfelsalat, passend zu den Wiener Gepflogenheiten bei Badeausflügen. Wie es richtig zubereitet wird, verraten zwei Spezialisten auf diesem Gebiet: www.meisslundschadn.at/wiener-schnitzel/; www.plachutta-oper.at/wiener-schnitzel

## Und was ich noch sagen wollte …

Von Mai bis Oktober sind auf der Donauinsel 70 Schafe unter Aufsicht eines Schäfers als „Rasenmäher“ im Einsatz. Es sind Krainer Steinschafe, eine alte, seltene Nutztierrasse, ausschließlich weibliche Tiere jeder Generation. Der mobile Weidezaun wird jede Woche versetzt, sodass letztendlich an die 70 000 Quadratmeter gemäht sind.

110 – 133

# Eine Insel mitten in der Stadt

## *Wege zwischen dunkler Vergangenheit und Neubeginn*

Schwedenplatz – Salztorbrücke – Karmelitermarkt – Kriminalmuseum – Am Augartenspitz – Flakturm Augarten – Am Tabor – Karmeliterplatz – Odeon – Nestroyhof – Dogenhof – Donaukanal – Nouvel-Tower SO/ Vienna

1 ¾ STUNDEN WEGZEIT

*Die „Insel“ zwischen Donau und Donaukanal, Heimat des geschichtsträchtigen zweiten Wiener Gemeindebezirks. Eine Mischung aus Marktgeschehen, kreativem Aufstreben und Naherholung. Alte Bausubstanz, trendige Gastronomie, junge Kunst, schicke Modegeschäfte, ein Palais im venezianischen Stil mit einem Concept-Store, der sich voll und ganz dem Analogen verschrieben hat. Ein außergewöhnliches Theater in einem altgriechisch anmutenden Ambiente. Der „verrückteste Park der Stadt“ mit Flaktürmen, Porzellanmanufaktur, den Sängerknaben, dem Filmarchiv mit Freiluftkino, einer Imkerei und einer City Farm. Am Donaukanal chillen. Der Glaspalast eines Stararchitekten mit Panoramarestaurant, einem einmaligen Blick über Wien und ungewöhnlichem Interieur. Und das alles zu Fuß von der gegenüberliegenden Innenstadt aus erreichbar.*

## Brückenschlag

Ultimo im Eissalon am Schwedenplatz. Am 15. Oktober werden wie jedes Jahr die Rollläden heruntergelassen, „Arrivederci a Marzo". Letzte Gelegenheit für ein Schleckeis und ein, zwei Boxen für den Gefrierschrank, um den Winter zu überbrücken. Ich reihe mich in eine der langen Schlangen vor der Gelateria Italiana der alteingesessenen „Gefrorenesmacher" Molin-Pradel ein. Der Eissalon verströmt noch den Charme der Eissalons meiner Kindheit. Die Molin-Pradels verkaufen seit 1886 Eis, zunächst im 20. Bezirk, wo der Gründer mit dem vielversprechenden Vornamen Arcangelo sein „Gefroreneswagerl" aufstellte. Er war aus dem verarmten Eismachertal Val di Zoldo in den Dolomiten in den reicheren Norden ausgewandert, um nach Zwischenstationen als Holzfäller, Marmorschleifer und Salamiverkäufer sein Glück als Gelatiere in Wien zu versuchen. Eine Erfolgsstory. Mit dem Eissalon am Schwedenplatz gehören seine Nachkommen seit den 1930er-Jahren zum Eisadel in Wien. In der Vitrine warten pastellfarbige Verlockungen ohne Ende. Letztlich wähle ich meistens die gleichen Sorten. Beim Eis bin ich konservativ. Heute Nocciolone-Fiocco, da ja eigentlich schon Herbst ist und trotz der unerwarteten 20 Grad im Schatten Himbeer-Zitrone irgendwie nicht geht.

Der Schwedenplatz: Hier führte die Bernsteinstraße vorbei, hier gab es die erste feste Verbindung über die Donau von der mittelalterlichen Stadt in den Unteren Werd beziehungsweise die Leopoldstadt. Auch abgesehen vom Eis ein geeigneter Ort, um meine Tour zu starten, meine ich.

Die Bänke vor dem Eissalon sind dicht besetzt. Bei der schattigen, metallenen Rundbank unter der Pyramidenpappel, meinem Lieblingsplatz, leider heute keine Chance. Auf einer Bank zwischen U-Bahn-Abgängen, Straßenbahnhaltestellen und Imbissständen mische ich mich unter Rastende, Mittagspäusler mit asiatischem Snack, solche, die schon etwas nervös auf ihr Date warten, und solche, die ohne erkennbaren Grund herumsitzen. Alles ziemlich shabby. Kein Ort, an dem man sich gerne lang aufhält. Ein Ort, der sich bis heute nicht ganz von seiner dunklen Geschichte erholt hat. Die 1945 bei der

Schlacht um Wien zerbombten prächtigen Bauten mit florierenden Geschäften und Cafés wurden nie wiederaufgebaut, der Platz dem Verkehr überlassen. Die mehrmals geplante Neugestaltung des Platzes ist bis heute aufgeschoben.

Ich bin fertig mit meinem Eis, fasse aus dem Trinkbrunnen kühles Hochquellwasser für meinen Weg in die Leopoldstadt. Beim Mahnmal am Morzinplatz, dem Ort, an dem die Gestapo-Leitstelle im ehemaligen Luxushotel Metropol einquartiert war, bleibe ich kurz stehen. Ein Vorhof des Todes. „Niemals vergessen", mahnt der Block aus Mauthausener Granit.

Bei der Marienbrücke gehe ich hinunter zum Donaukanal stromaufwärts und weiter bis zur Salztorbrücke. Auf der Brücke eröffnet sich linker Hand ein weiter Blick über den Ringturm hinaus bis zum Kahlenberg, auf der anderen Uferseite auf ein kleines Glashaus, gestaltet vom renommierten Architekten Boris Podrecca, in dem sich eines der neuen Lokale der Donaukanalmeile angesiedelt hat. In der Sichtachse hin zur Schwedenbrücke imposante zeitgenössischen Bauten, die das linke Ufer des Donaukanals prägen. Graffiti, wohin man blickt. Spaziergängerinnen, Jogger, Radfahrerinnen, Lebenskünstler, die mit baumelnden Beinen auf der Ufermauer sitzen und ins Wasser blicken, „zusehen, wie ein Bild, das sich stetig ändert, doch immer gleich bleibt", wie es der Journalist, Autor und Verleger Christian Seiler beschreibt.

Die Brücke mündet in die Hollandstraße, eine kurze, wenig bekannte Schwester der lauten, verkehrsreichen Taborstraße. Beide führen fast parallel ins Karmeliterviertel. Beide waren Grenzlinien der ehemaligen „Judenstadt", des jüdischen Ghettos der Jahre 1625 bis 1670 im Unteren Werd. Enge Gassen und schmale Häuserparzellen lassen noch die Umrisse des ältesten Teils der Insel erahnen.

## *Am unteren Werd*

Die Geschichte des Karmelitermarktes beginnt nach der Vertreibung der Juden aus dem Ghetto mit einem Privileg Leopolds I. für die verbliebene Bevölkerung. Ein Tandelmarkt, also ein Markt für Waren aller Art, und ein Wochenmarkt für Lebensmittel und Vieh durften abgehalten werden. Damals vor der Karmeliterkirche, ab 1910 am Ort des heutigen Karmelitermarktes, wo zuvor das erste Zucht- und Arbeitshaus Wiens gestanden war.

Von der Hollandstraße sind es nur wenige Hundert Meter bis zum Markt. Am Beginn der Straße zwei architektonische Eyecatcher: das gleißende Raiffeisen-Hochhaus, dahinter das wundervoll renovierte IBM-Gebäude. Linker Hand der winzige Kamala Thai Imbiss, in dem Prachaya Sitantrakool Thai-Klassiker auf hohem Niveau zubereitet. Ein Ambiente wie in den Street-Food-Lokalen in Bangkok, das Bier holt man sich selbst aus dem Kühlschrank. Ein guter Grund, in die Hollandstraße zu gehen.

Auf den ersten Blick keine große Schönheit, birgt sie auf den zweiten Blick kleine Schätze, an denen es sich lohnt, stehen zu bleiben. So die ehemalige „Niederlage der Lederfabrik FR. Vogl, Mattighofen O.Ö.", deren Brüstung über dem Tor zwei überlebensgroße weibliche Skulpturen stützt. Ihr tuchverhüllter Unterleib endet jäh im Nichts. Eine Weltenbummlerin hat hier einen Concept Store eröffnet, der Schönes aus aller Welt, darunter Stiefel mit eingearbeiteten Kelims, anbietet. Auf der anderen Straßenseite, Blick nach oben!, über unansehnlichen ebenerdigen Geschäftslokalen die Fassaden prächtiger Bürgerhäuser mit vielen schönen Details.

Nun meint man den Karmelitermarkt förmlich riechen zu können. Im Umfeld haben in den letzten Jahren kleine Lokale auf- und auch schon wieder zugemacht. Ob sich das CouCou wohl halten kann? Im Café-Bistro, das Hallo und nicht Kuckuck heißt, gibt es Französisches vom früheren Spitzenkoch eines edlen Innenstadtlokals. Ich kaufe ein Lavendelcroissant, mit angemessen schlechtem Gewissen, da es angeblich direkt aus Avignon importiert ist. Das Cassoulet soll auch sehr gut sein.

Die Krummbaumgasse führt mich zum südlichen Ende des Karmelitermarktes. Er ist längst kein Geheimtipp mehr, seit das Viertel ab Ende der 1990er-Jahre zum beliebten Wohn- und Fortgehviertel der bourgeoisen Bohemiens wurde. Spöttisch Bobograd genannt, was auch auf die sowjetische Besatzung des Viertels nach dem Zweiten Weltkrieg anspielt.

Freitag und Samstag, es ist Bauernmarkt, ist der Karmelitermarkt überlaufen. Das Angebot ist hochwertig, passend zum Lebensstil des Publikums auf Bio und Slow Food ausgerichtet, teuer. Die Stammkundschaft wird vorab über rare Spezialitäten informiert, beispielsweise wenn Bauer Stich, zweimal im Jahr, ein Mangalitzaschwein gestochen hat. An den anderen Wochentagen, wie heute, ist nicht viel los. Vor dem Pferdefleischhauer verspeist ein älterer Herr eine Leberkässemmel im Stehen, andere bestellen ein veganes Süppchen bei den food rebels im Zimmer37 oder ein Falafel-Sandwich im Tewa, einem der Lokale, die sich in alten Marktständen angesiedelt haben.

Nach diesem kurzen Abstecher mache ich mich auf den Weg in den Augarten. In der Haidgasse hat sich eine norddeutsche Krabbenbude etabliert, die ein Stück Hamburg in Wien verspricht. Mutig, denn in Wien besteht eine gewisse Distanz zur Küche der größten Zuwanderergruppe. Immerhin hält sie sich seit 2010. Schon seit dem 17. Jahrhundert hält sich das Pabsthaus, eine ehemalige Bäckerei, Teil der ältesten Bausubstanz des Viertels mit einem mittelalterlichen Kreuzgratgewölbe im Erdgeschoß.

Daran anschließend das ursprünglich Goldene Artischocke, später „Zum Sieg" benannte Haus, heute Gasthaus zum Sieg, anlässlich des Sieges gegen Napoleon in der Schlacht bei Aspern errichtet. Literarisch im Roman „Die Hauptstadt" von Robert Menasse, einem Karmeliterviertler, verewigt. Es widerlegt eindrücklich den entsetzten Ausruf des französischen Philosophen Jacques Lacan anlässlich eines Wienbesuchs: „Le Beisl n'existe pas", überliefert von Franz Schuh, Wiener Essayist und Philosoph. Abends wird nur ein einziges Gericht angeboten: Wiener Saftgulasch, „anständig" zubereitet, groß oder klein, und Würstel mit Saft. Würstel ist das, was in Wien Frankfurter und in Frankfurt Wiener Würstel heißt. Saft das, was als sämiges Konzentrat, das alle Aromen in sich versammelt, im Gulaschtopf übrig bleibt, wenn das Fleisch verteilt ist.

Im 1685 errichteten Seifensiederhaus in der Großen Sperlgasse, die die wichtigste Gasse im jüdischen Ghetto war, werfe ich einen Blick in das Kriminalmuseum, das ich schon von früheren Besuchen kenne. Etwas angestaubt ist es, etwas absonderlich, die größten Kriminalfälle Wiens vom Mittelalter bis zur Neuzeit werden hier ziemlich drastisch präsentiert. Im malerischen Pawlatschenhof des Museums kann kurz durchgeatmet werden.

In Richtung Augarten befindet sich seit 1923 das „bekannteste Wohnzimmer" der Leopoldstadt, das Café Sperlhof. „Patiniert, vollgestopft mit Büchern und mit Brettspielen, hunderten, wenn nicht tausenden, aufeinandergestapelt zu verwegen hohen Türmen", so beschreibt es der Journalist Robert Misik treffend. Außerdem Billardtische, Tischfußball, Tischtennis und unzählige Kartenspiele, meist schon etwas abgegriffen. Täglich gibt es einen Bücherflohmarkt mit Gratisbüchern, auch ein Extra-Zimmer zum Fernsehschauen – besonders beliebt: Sportübertragungen – ist vorhanden. Gegründet als jüdischer Künstlertreff, während des Zweiten Weltkriegs von einem Nationalsozialisten namens Eitelböst, dann 10 Jahre lang von einem tschechischen Kommunisten geführt, hat es heute mit einem Kaffeehaus im eigentlichen Sinn wenig zu tun. Seit Mitte der 1980er-Jahre ist es ein „Freizeit- und Spiele-Café" und als solches eine Institution, wie auch sein Inhaber, Herr Sommer, der „in seinem Leben nicht auf gute Konversationen verzichten könnte".

Bevor ich in den Augarten eintauche, sause ich noch schnell bei den Gourmet-Fratelli vom Monte Ofelio vorbei und nehme zwei gefüllte Panini für ein Picknick mit.

MuTh
Konzertsaal der Wiener Sängerknaben

# *Shalom!*

Einmal, erzählt ein junger Wiener Jude in einem Interview, habe er im Dianabad der Unterhaltung dreier Wiener darüber zugehört, wie viele Jüdinnen und Juden denn in der Stadt leben würden. „50 000", schätzte einer. Und ein zweiter entgegnete: „Blödsinn. Sicher 100 000 oder mehr. Und 80 000 davon in der Leopoldstadt." In Wiens kleiner jüdischer Gemeinde rangiere seine Beobachtung unter den gerne erzählten Anekdoten. In Wirklichkeit sind es rund 8000, Tendenz leicht steigend.

Die Geschichte der jüdischen Gemeinde in Wien ist eine Geschichte der Aufenthaltsverbote, Restriktionen und Vertreibungen, bis zur fast vollständigen Auslöschung während der Schoah. Es ist auch die Geschichte eines wiederholten Neubeginns: nach der ersten großen Vertreibung im Jahr 1420. Nach der Vertreibung aus dem Ghetto im Unteren Werd der Leopoldstadt im Jahr 1670. Erst mit der schrittweisen rechtlichen Gleichstellung nach 1848 und infolge der Massenzuwanderung nach dem Ersten Weltkrieg wurde sie die größte deutschsprachige jüdische Gemeinde.

Mit exakt 201 513 Personen erreichte sie 1923 ihren Höchststand. Etwa die Hälfte lebte in der Leopoldstadt, der „Mazzesinsel", wie sie auch genannt wurde. 1945 gerade noch 1000, die anderen: geflüchtet, deportiert, ermordet. Heute zählt sie immerhin wieder das Achtfache. Ein kleines Stück Vergangenheit ist, neu gemischt, auch in die Leopoldstadt zurückgekehrt.

„Das Wiener Judentum ist vielfältig", sagt Paul Chaim Eisenberg, ehemaliger Oberrabiner in Wien, „die Interessen der Gruppen gehen auseinander". Ein Oberrabbiner sei für den Zusammenhalt seiner Gemeinde verantwortlich, sagt Eisenberg, „er muss mit allen können. Er darf kein Fundi sein. Aber auch die Orthodoxen müssen ihn anerkennen".

Kein Wunder, dass die Wiener Jüdinnen und Juden unterschiedlich geprägt sind. Nach 1945 kamen sie aus allen Himmelsrichtungen nach Wien oder zurück nach Wien. Aus Flüchtlings- und Konzentrationslagern, „displaced persons" aus Osteuropa, Durchreisende auf dem Weg nach Israel oder in die USA, in Wien gestrandet. Andere auf der Flucht vor den Sowjets in Ungarn, wieder andere mit einer Ausreisebewilligung im Kalten Krieg, das lange Warten auf die Green Card wurde zu einem Daueraufenthalt in Wien. Später kamen Jüdinnen und Juden aus dem Iran, Georgien und Zentralasien. Alle zusammen schufen die heutige jüdische Gemeinde in Wien.

Der anfangs zitierte junge Jude vereint das auf exemplarische Weise: Er ist chassidisch, spricht mit den Eltern russisch, mit seiner Frau und den vier Kindern jiddisch, in der Synagoge hebräisch und auf der Straße deutsch.

Die Jüdisch-Orthodoxen sind eine wieder wachsende, selbstbewusste Gemeinde in Wien geworden. Im zweiten Bezirk finden sie ihre neue alte Heimat. Sie leben überwiegend entlang des Donaukanals und hinter dem Karmeliterviertel bis etwa zum Augarten und zum Volkertmarkt. Hier findet man ihre Gebetshäuser, die koscheren Läden. Die Männer tragen stolz ihre Gehröcke oder Kaftans, hohe schwarze Hüte oder pelzumrandete Schtreimel. Die Buben schwarze Hosen und Pullunder, Schläfenlocken und Kippa. Die Mädchen dunkle Röcke, die Frauen den Scheitel: die streng frisierten Perücken, die sie bei einer Scheitelmacherin, die es seit ein paar Jahren „im Leopoldstetl" wieder gibt, kaufen können. „Pamonit" heißt das Geschäft, hebräisch für Rapunzel.

Die jüdischen Bewohnerinnen und Bewohner des Viertels teilen das Leben mit Künstlerinnen und Trödlern, Kreativ-Agenten und Experimental-Gastronominnen, mischen sich unter Bobos und alteingesessene Leopoldstädter. Sie gehören wieder zum Bild der Leopoldstadt.

## *Erlustigungsort mit schwerem Erbe*

Der direkte Weg in den Augarten führt über das Haupttor an der Oberen Augartenstraße. Ich mache vorher einen kleinen Abstecher zum Augartenspitz am südlichsten Zipfel des Augartens. Seit 2012 steht hier das MuTh, Akronym für Musik und Theater: der Konzertsaal der Wiener Sängerknaben, die im nahe gelegenen Augartenpalais ihren Sitz haben. Heftige Kontroversen waren dem Bau vorangegangen, zeitweise wurde der Augarten sogar besetzt. Schließlich fand man einen Kompromiss: Das MuTh ist ein Ensemble aus der barocken Bausubstanz des Pförtnerhauses, der alten Mauer und moderner Architektur geworden. Es hat sich mittlerweile als neuer Ort für vielfältige kulturelle Veranstaltungen in Wien etabliert.

Direkt gegenüber führt ein üppig verziertes Gartentor in eine versteckte Oase, das „Kino wie noch nie". Im Sommer werden hier unter freiem Himmel internationale Filme abseits des Mainstreams, überwiegend in Originalfassung, gezeigt. Gastgeber ist das Filmarchiv Austria, Österreichs größte Filmsammlung, in Kooperation mit der Viennale, Österreichs größtem internationalem Filmevent. Das Audiovisuelle Zentrum des Filmarchivs, das in Laxenburg bei Wien logiert, ist seit 1997 im Augarten untergebracht. Ein Paradies für alle Filminteressierten, die tief in die Welt des Films eintauchen möchten.

„In der Tradition der Bürgergärten", erklärt Direktor Ernst Kieninger, können im Garten des Filmarchivs kleine Gartenflächen von Anrainerinnen und Anrainern selbst bepflanzt werden. Aus 18 Bienenstöcken wird Honig, das „Augartengold", gewonnen, an genau jenem Ort, an dem die Imkerei in Europa professionalisiert wurde. Der slowenische Hofimkermeister Anton Janscha leitete im Augarten um 1770 die „Schule zur Förderung der Bienenzucht". Honigbienen in der Großstadt? Davon gibt es in Wien viel mehr, als man glauben mag: Über 5000 Bienenstöcke mit je rund 40 000 Bienen sind es. Auf Dächern von Universitäten, Museen, Kulturtempeln, Trend-Hotels, Friedhöfen, privaten Gärten und Terrassen. Die Wiener Bezirksimkerei vertreibt edlen Lagenhonig aus allen 23 Wiener Bezirken, jeder mit dem für die Lage eigenen Geschmack. Liesing schmeckt herb, Neubau nach Rosen. Vorbei an der City Farm Augarten, einem riesigen Lehr- und Lerngarten, geht es wieder hinaus auf die Obere Augartenstraße, rechts weiter entlang der Mauer in wenigen Minuten zum Haupttor des Augartens.

Der Augarten ist der älteste noch erhaltene Hofgarten Wiens. Am 1. Mai 1775 eröffnete ihn der Reformkaiser Josef mit einer großen Festivität für die Allgemeinheit – es war der erste Volkspark Wiens. Nachtigallen wurden ausgesetzt und deren Jagd unter Strafe gestellt. Ein „Allen Menschen gewidmeter Erlustigungs-Ort von Ihrem Schaetzer“, wie auf der Inschrift am Hauptportal vermerkt ist.

Das Schloss, der Garten, die Wege und Alleen waren in etwa so angelegt wie noch heute, der Gartensaal, heute Sitz der zweitältesten Porzellanmanufaktur Europas, bereits erbaut. Das Saalgebäude beherbergte Speis- und Tanzsäle, Erfrischungsräume und Billardzimmer. Zur versprochenen „Erlustigung“ wurden Bälle und Konzerte mit Künstlern von Mozart und Beethoven abwärts ausgerichtet, Johann Strauss Vater leitete hier die 1.-Mai-Konzerte. Alles unter dem strengen Auge des „Traiteurs“ Ignaz Jahn, „Hofkoch und Gastro-Multi des kaiserlichen Wien, erste Adresse für Caterings in den Palais der Hocharistokratie, Ausrichter privater Lustbarkeiten“. Wohl eingedenk dieses Tausendsassas hat ein Spitzenkoch das nahe gelegene Restaurant mit dem Namen Ignaz Jahn eröffnet. Empfehlenswert!

Heute schließt der Augarten an seine Hochblüte von damals an: Er ist ein Ort, an dem die Wienerinnen und Wiener zu Hause sind, wo sie sporteln, ausgehen und plaudern. Zeit für mein kleines Picknick auf der großen Liegewiese an der Kastanienallee. Eine Decke habe ich, wie immer, im Rucksack. Von hier aus erfreue ich mich am Rundblick auf die eigentümliche, verrückte Mischung des Parks. Er ist wunderschön, und zugleich schaudert es mich jedes Mal. Bunte Blumenrabatten, kleine, geschnittene Eibenpyramiden. Schattige Kastanienalleen, Alleen aus Rüstern, Linden, Eschen und Ahornbäumen.

Alles überragend zwei Betonkolosse, Gefechtstürme aus dem Zweiten Weltkrieg, die auf Wunsch Hitlers in den Hauptachsen des Parks von Zwangsarbeitern errichtet wurden. Ein Point de Vue spezieller Art. Unzugängliche Mahnmale, von Tauben bevölkert. Ein einsames Graffito, „Never again". Rundherum Entspannung in Hängematten, bei einer Boule-Partie, auf Slacklines, beim Sonnen, Lesen und vielen anderen Freizeitvergnügungen. Gemischtes Publikum, wie immer, darunter jüdische Männer in ihren langen schwarzen Gehröcken, ausladenden Hüten und weißen Strümpfen, die Söhne festlich gekleidet mit der Kippa am Kopf.

Ich breche zu einem kleinen Rundgang auf. Vorbei an Flakturm Peter, dem Hauptturm, spaziere ich über die Lindenallee zu Flakturm Peter 2, dem Geleitturm. Alle Flaktürme Wiens wurden paarweise gebaut. Im nördlichen Teil des Augartens bewege ich mich durch ein Geflecht aus geometrisch durch den Auwald gehauenen Wegen, Gängen und Alleen. Auf dem Weg zur Wasserallee mit den merkwürdigen, streng geformten Hecken und Bäumen verliere ich mich ein wenig in den Bosketten, einem zweiten, verborgenen Wegenetz mit Nischen und geheimen Kammern. Die Wasserallee führt zum Nordpoltor, einem der acht Zugänge zum Augarten. Es wurde 1875 zum einhundertjährigen Jubiläum des Parks errichtet. Einen Teil des Gartens opferte man dem in Bau befindlichen Nordwestbahnhof, im selben Jahr wurde die Monarchie um ein Stück des Nordpols erweitert: Die Österreicher Payer und Weyprecht besetzten das Franz Josef Land. Hier verlasse ich den Augarten.

## *Vom Tabor zur Magistrale*

Ich befinde mich nun in der Nordpolstraße. Am Nordpol 3, ein Gasthaus mit Kultstatus, öffnet wochentags leider erst um 17 Uhr. Hier wird nicht etwa Schneehuhn serviert, sondern Wienerisches und böhmische Spezialitäten in einem etwas skurrilen Ambiente. Rechts, entlang der Nordwestbahnstraße, gehe ich weiter in Richtung Taborstraße, vorbei an ein paar Überbleibseln der ehemaligen „Roten Meile". Es liegt noch ein längerer Weg vor mir, den ich mir mit einer kleine Straßenbahnfahrt verkürze. Ab der Haltestelle Am Tabor fahre ich mit dem 2er Richtung Ottakring.

Die Taborstraße ist eine der ältesten Straßen Wiens, Handelsweg an der Bernsteinstraße, ein mittelalterlicher Highway für Reisende, fahrende Händler und alle anderen, die aus dem Norden ins Zentrum wollten. Infolge einer Anordnung Herzog Albrechts V. im 15. Jahrhundert waren Durchreisende gezwungen, in Herbergen zu übernachten. Am stadtnahen Beginn der Taborstraße entstanden daraufhin zahlreiche „Gastgebs" für die Regeneration von Mensch und Tier. „Die weiße Rose", heute Hotel Stefanie, das älteste Hotel Wiens, stammt noch aus dieser Zeit.

Ich steige am Karmeliterplatz aus. Schräg gegenüber der frühbarocken Kirche mit prunkvollen, goldverzierten Altären steht ein bemerkenswertes Wohnhaus mit geschmückten Fensterbrüstungen und weiblichen Skulpturen entlang der Mittelachse. Hier befand sich ursprünglich der Gasthof Zum goldenen Ochsen, ab 1847 das Hotel National, frühestes Grandhotel der Monarchie, eines der luxuriösesten und fortschrittlichsten Hotels Europas.

Hinter der Kirche mache ich eine kleine Runde über den stimmungsvollen Karmeliterplatz. Im schummrigen Kulturcafé Tachles nehme ich einen Caffè sospeso, gemäß einem aus der neapolitanischen Kultur übernommenen Brauch: Ich zahle für zwei, einer wird auf Nachfrage an eine bedürftige Person ausgeschenkt. Die wunderbaren polnischen Pierogi muss ich auf ein andermal verschieben.

Am Haus unmittelbar neben dem Tachles lässt auf Firsthöhe ein gigantischer Bronzehirsch seinen Blick in die Ferne schweifen, er erinnert an das Haus zum Goldenen Hirschen, in dem im 19. Jahrhundert wechselweise Mitglieder der Familie Strauss gewohnt haben.

Stadteinwärts, vorbei an einer Reihe kleiner, sympathischer Geschäfte, erhebt sich wie aus dem Nichts ein riesiger griechischer Tempel: die ehemalige Getreidebörse, heute „Börse für landwirtschaftliche Produkte". Ein vergleichsweise kleiner Eingang führt zur „Börse" und zum Odeon, dem Theatersaal des Serapion-Ensembles, das seit 1988 im ehemaligen großen Börsesaal ungewöhnliches, visionäres, fantasie- und stimmungsvolles, eigentlich unbeschreibliches Theater zeigt. Immer noch fast ein Geheimtipp, die selten gezeigten Eigenproduktionen sind für mich ein Pflichttermin.

Beim City Hotel Central, ehemalige Absteige für Pferdehändler, Herberge berühmter, nicht mehr existenter Kinos, ragen hinter den letzten Häusern zwei Hochhaustürme hervor – dazu später. Dort mündet die Taborstraße in die Praterstraße, mein nächstes Ziel.

Ich nehme einen Schleichweg durch den Hofeingang neben dem Hotel und streune durch die kleinen Seitengassen hinüber zur Praterstraße. Durch die Zirkusgasse, die Komödiengasse, die Große und Kleine Mohrengasse, die Rotensterngasse. Hier mischen sich schäbige Häuser der „bad neighbourhood" des ehemaligen Rotlichtviertels mit behutsam renovierten Gebäuden, alles erst auf halber Strecke, aber auf dem Weg zum Aufschwung. Je näher zum Praterstern, desto schlechter die Substanz. Beim Nestroyhof stoße ich wieder auf die Praterstraße.

Die Praterstraße, ehemals Jägerzeile, führt einen Kilometer lang in gerader Linie von der Wiener Innenstadt bis zum Praterstern, einem der größten Verkehrsknotenpunkte der Stadt. Einst war sie Kutschenweg für Jagdlustige und Ausflügler, ab dem Biedermeier ein Pracht-Boulevard. Hier lagen die feinsten Adressen Wiens, die gefragtesten Theater, die besten Cafés, die mondänsten Hotels. Johann Strauss Sohn komponierte hier 1866/67 den berühmten Donauwalzer. Von alldem ist nur noch ein herber Charme und viel Verkehr übrig geblieben.

Doch die Magistrale der Leopoldstadt erholt sich. Im innenstadtnahen, ruhigeren, fast idyllischen Abschnitt haben sich kleine Lokale und schicke Geschäfte mit Avantegarde- und edler Vintage-Mode angesiedelt. Das Mode-Duo von Schella Kann, einem Modelabel, das schon Mitte der 1980er-Jahre neue Maßstäbe setzte, hat hier sein Atelier. Unübersehbar, in den riesigen Glasfenstern hängen die papierenen Schnittmuster der Kollektionen. Besuche, auch für gute Freunde, „by appointment only". Das Verkaufsgeschäft ist in der Innenstadt. Das O.M.K = omochikaeri = take out, der Ableger des gegenüberliegenden Trend-Lokals, ist ein heißer Tipp für kleine japanische Snacks zum Mitnehmen.

In einem Jugendstilbau in der nördlichen Praterstraße hat 2009 das Theater Nestroyhof/Hamakom eröffnet. Es will die Tradition jüdischer Kultur mit moderner Theaterarbeit verbinden. Das gelingt. Im Dogenhof, einem Palais aus dem 19. Jahrhundert, der dem venezianischen Ca' d'Oro nachempfunden ist, hat sich Supersense eingerichtet.

Ein leicht durchgeknallter, überaus ansprechender Mix aus analogem Fotofachgeschäft, Musikshop und Café. Im Record-Elevator, einem umgebauten Jugenstil-Lift, können 90-Sekunden-Schallplatten aufgenommen und anschließend geschnitten werden. Wer könnte da widerstehen? Ein kleiner Leopoldstadt-Rap entsteht.

Über die Czerningasse, vorbei am „Mahnmal mit vier weißen Säulen" auf dem Areal des zerstörten Leopoldstädter Tempels, vorbei an der orthodoxen Synagoge, gehe ich die Tempelgasse weiter hinunter zum Donaukanal.

## *Chillen am Kanal*

Am Donaukanal chillen und die Zehen in den Sand stecken? Selbstverständlich war das nicht immer. Beim Central Garden, einem Gemeinschaftsgarten für private Kunst-, Kultur- und Sportveranstaltungen, nicht etwa Gemüse und Kräuter, setze ich mich auf die Kaimauer. In der Ferne lugt die Spitze des Stephansdoms hervor. Ich schaue dem Wasser nach, viel Wiener Geschichte ist hier flussabwärts geronnen.

Die längste Zeit war der südlichste Donauarm ein „Canal", der seinem Namen alle Ehre machte. Eine Trennlinie in der Stadt, schmutzig, mit unwirtlichen Ufern und von zweifelhaftem Ruf. Mit der Donauregulierung im späten 19. Jahrhundert erhielt er seine heutige Form, rückte näher an die Stadt. Und wurde um die Jahrhundertwende erstmals in: ein beliebtes, beinahe mondänes Freizeitareal mit boulevardartigen, mit Pyramidenpappeln bepflanzten Promenaden. Ein gesellschaftlicher Treffpunkt, voller Vergnügungen im und auf dem Wasser. Mit Sportveranstaltungen wie dem jährlich ausgetragenen „Schwimmfest quer durch Wien", mit dem legendären Wettschwimmen, Ruderwettbewerben und spektakulärem Kunstspringen von einer der Donaukanalbrücken. Mitglieder der Schwimmsektion des jüdischen Sportklubs Hakoah konnten „Quer durch Wien" mehrmals für sich entscheiden, für den Arbeiterschwimmverein des Roten Wien wurde das Schwimmfest zur politischen Manifestation. Beide lösten die Nationalsozialisten 1938 auf. Beide wurden nach 1945 wiederaufgebaut. Die Hakoah bekam erst 2008 wieder ein eigenes Sport- und Freizeitzentrum, neben dem Ernst-Happel-Stadion, Österreichs größter Sportarena in der Krieau.

An den nördlichen Uferzonen zeigte der Kanal eine andere Seite. Randgruppen und Obdachlose ließen sich dort nieder, immer zahlreicher, je näher die Wirtschaftskrise der 1930er-Jahre rückte. Der Uferabschnitt wurde herablassend „Riviera der Arbeitslosen" genannt und später, in einem der populärsten Wienerlieder der Nachkriegszeit, nostalgisch als „schräge Wies'n am Donaukanal" besungen: vom Volksschauspieler und Conférencier Heinz Conrads, von Austromusikern und von den Strottern, einem Wiener Akustik-Duo, das Wienerlieder neu und jazzig aufmischt.

Das Highlight der ersten Blütezeit des Donaukanals waren Sommerbäder in hölzernen Badeschiffen, die ab der Jahrhundertwende am Ufer verankert lagen. Das Badeschiff Wien nahe der Schwedenbrücke hat diese Idee wiederbelebt. Auf einem der zwei umgebauten Frachtkähne kann in einem rund 190 Quadratmeter großen Schwimmbecken in Wiener Hochquellwasser gepritschelt werden. Im Donaukanal ist, im Gegensatz zu früher, das Baden verboten, obwohl es die Wasserqualität zuließe – wohl der Strömung und dem lebhaften Schiffsverkehr geschuldet. Im Nachbarschiff gibt es wechselhaft gutes Essen. Je nachdem, wer halt gerade dort kocht.

Der Donaukanal wurde 1945 zum heftig umkämpften Kriegsschauplatz, die Brücken wurden gesprengt, die Ufer zerbombt. Die ersten imposanten Gebäude rechts und links des Kanals, der Donauturm und der Raiffeisenbau, entstanden erst nach der Besatzungszeit. Der Donaukanal wurde wieder zu dem, was er einmal war – ein Kanal mit schlechtem Image. Tief in den Köpfen der Wienerinnen und Wiener eingenistet.

Ab den 1990er-Jahren, als die Leopoldstadt aufzublühen begann, kam auch wieder Leben an die Ufer des Donaukanals. Es eröffnete das Flex, Kultlokal in einem stillgelegten U-Bahn-Schacht. Ein Jahr später, 1996, folgte die summerstage (siehe Seite 145). „Typisch wienerisch" wurde sie, wie ihr Erfinder meint, wie „alles Neue zuerst sehr skeptisch betrachtet". Mittlerweile ist sie eine Erfolgsstory.

Zahlreiche weitere Sommerlokale mit dazugehörigem Sandstrand machten den Donaukanal, so eine Stadtzeitung, zum „Szene-Wasser mit innerstädtischem Erlebnis-Appeal". Pionier für das „Sandeln" am Kanal war 2005 die Strandbar Herrmann bei der Urania, einem Volksbildungshaus mit Sternwarte, Kino und einem jüngst vorm Zusperren geretteten Puppentheater. Mit Billigung der Stadtregierung entstand am Donaukanal im Laufe der Zeit die längste zusammenhängende Graffitiwand Europas. Seit 2014 findet hier alljährlich das Street-Art-Festival Calle Libre statt und hinterlässt seine bunten Spuren überall in der Stadt.

Vom neuen Stadthafen bei der Schwedenbrücke fährt ein Tragflügelboot ins nahe gelegene Bratislava. Die Anlegestation ist ein architektonischer Leckerbissen, kulinarische Leckerbissen können auf den zwei Decks genossen werden. Unvergesslicher Sonnenuntergang inklusive. Kein Geheimtipp mehr, aber dennoch empfehlenswert.

Spektakulär ist der Donaukanal, wenn es Nacht wird. In einer einzigartigen Szenerie, die sich im Wasser und der gläsernen Haut der Hochhaustürme spiegelt, wird flaniert, gefeiert und getanzt. Der UNIQA Tower bietet ein besonderes Lichtspektakel dank der LED-Installationen auf seiner Fassade. Den Brückenkopf zur Leopoldstadt markieren zwei schiefe Hochhaustürme. Der rechte ein schwarz glänzender Monolith des Pritzker-Preisträgers Jean Nouvel mit einem Panoramarestaurant „zwischen Insel und Wolken" unter einem „spektakulären Lichtteppich der Schweizer Experimental-Artistin Pipilotti Rist", so eine schwärmerische Beschreibung. Atemberaubend schön, mit der besten Sicht auf Wien.

DONAURAUM WIEN
TEL. +43(0)1 / 72710-0

## DIE STRECKE

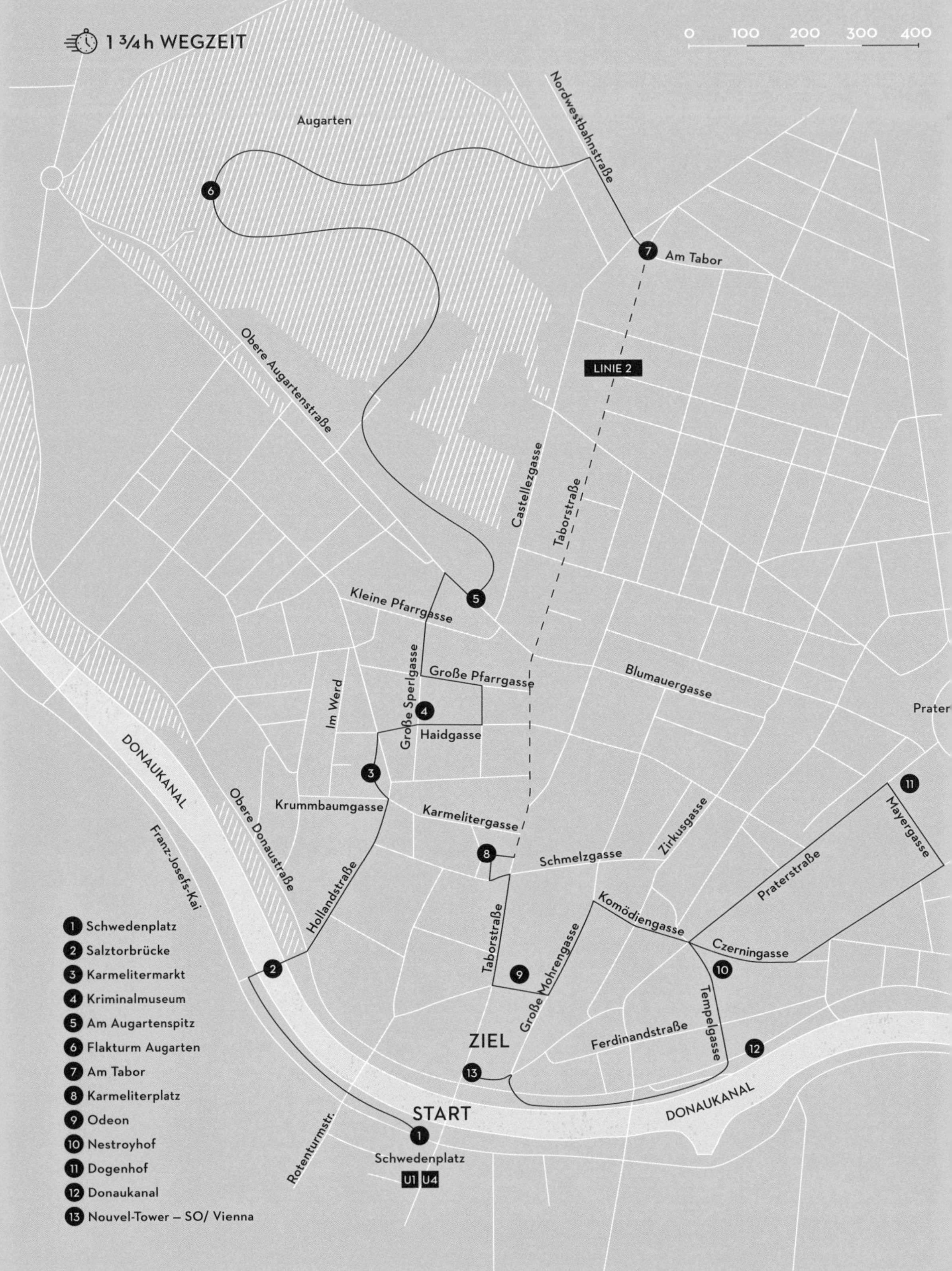
1 3/4 h WEGZEIT
0 100 200 300 400
Augarten
Nordwestbahnstraße
Am Tabor
Obere Augartenstraße
LINIE 2
Castellezgasse
Taborstraße
Kleine Pfarrgasse
Große Pfarrgasse
Blumauergasse
Prater
Im Werd
Große Sperlgasse
Haidgasse
DONAUKANAL
Obere Donaustraße
Krummbaumgasse
Karmelitergasse
Schmelzgasse
Zirkusgasse
Mayergasse
Franz-Josefs-Kai
Hollandstraße
Praterstraße
Komödiengasse
Czerningasse
Taborstraße
Große Mohrengasse
Tempelgasse
Ferdinandstraße
ZIEL
START
DONAUKANAL
Rotenturmstr.
Schwedenplatz
U1 U4
1 Schwedenplatz
2 Salztorbrücke
3 Karmelitermarkt
4 Kriminalmuseum
5 Am Augartenspitz
6 Flakturm Augarten
7 Am Tabor
8 Karmeliterplatz
9 Odeon
10 Nestroyhof
11 Dogenhof
12 Donaukanal
13 Nouvel-Tower – SO/ Vienna

# NACHSCHLAG

## Nützliche Informationen

Von der U-Bahn-Station Schottenring, die unter dem Donaukanal liegt, gibt es einen direkten unterirdischen Durchgang auf die andere Seite des Kanals, ins Karmeliterviertel. Achtung: U-Bahn-Ticket erforderlich! Auf dem Weg zum Ausgang Herminengasse ranken sich an den Wänden Geflechte aus feinen schwarzen Strichen und Balken – ein Streckennetz als Symbol für die Deportationen der 800 Juden, die zwischen 1938 und 1945 in der Herminengasse lebten und von hier vertrieben wurden. Ein Kunstprojekt der deutschen Künstlerin und Sängerin Michaela Melián.

## Der besondere Tipp

Übernachtung im Urbanauts Grätzelhotel Karmelitermarkt. Die Grätzelhotels, die es auch in anderen Vierteln gibt, sind individuell gestaltete Suiten, die in leerstehenden Geschäftslokalen entstanden sind. Infos: www.graetzlhotel.com/graetzl-hotel/graetzl/karmelitermarkt/

## Kultur

Das Porzellanmuseum im Augarten illustriert die Geschichte des Wiener Porzellans von den Anfängen bis heute. Darüber hinaus ist die architektonische Gestaltung des Museums durch Boris Podrecca, inklusive originalem Brennofen, außergewöhnlich und äußerst sehenswert.

## Lieblingslokale

Fischrestaurant Kaj, (2.), Fugbachgasse 9. Hervorragende kroatische Fischküche, rund acht Minuten zu Fuß vom Praterstern oder vom Nestroyplatz entfernt. Ein noch junger, kleiner Familienbetrieb, der Küchenchef hat vorher in einem Spitzenfischlokal in der Innenstadt gekocht.

## Wegzehrung

Von der traditionellen italienischen Salumeria „Monte Ofelio“, Obere Augartenstraße 70, oder vom japanischen Gegenstück „O.M.K deli & take away“, Praterstraße 16 (beide 2.).

## Und was ich noch sagen wollte …

Von Mai bis Oktober gibt es von der Anlegestelle bei der Salztorbrücke am Donaukanal täglich eine Exkursion mit dem NationalparkBoot in die Donau-Auen der Lobau. Ein einmaliges Erlebnis, inklusive Führung eines Rangers der Forstverwaltung. Anmeldung erforderlich, möglichst frühzeitig, das kleine Boot ist an Wochentagen oft ausgebucht – Schulklassen! Infos: www.wien.gv.at/umwelt/wald/erholung/nationalpark/freizeit/boot.html

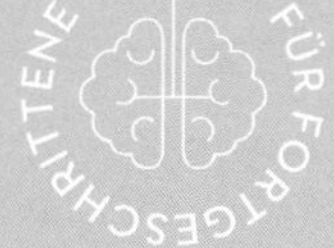

mercerie
café
boulangerie
brioches
30
Zone

134 – 151

# Französisches Flair, Geschichte und Kultur

## *Spaziergang für Leib und Seele*

Schottentor – Sigmund-Freud-Park – Votivkirche – VIENNABallhaus – Sigmund Freud Museum – Servitenviertel – summerstage – Jüdischer Friedhof Seegasse – Gartenpalais Liechtenstein – Strudlhofstiege – Narrenturm

1 STUNDE WEGZEIT

*Malerische Gassen, gepflegte Zinshäuser, gemütliche Plätze. Paradies für Feinschmecker. Biologische Speisen aus aller Welt, handgeschöpfte Schokolade, Feinkostläden, Alt-Wiener Küche und kleine Cafés oder Spezialitätenrestaurants. Die berühmte Berggasse 19, in der Sigmund Freud hinter der Couch saß. Ein nur selten zugängliches Kunstmuseum des Fürsten von Liechtenstein. Der älteste jüdische Friedhof Wiens. Große Bühnenkunst in kleinen Theatern, eine literarisch verewigte Stiege.*
*Die summerstage am Donaukanal für Kunstinteressierte, Gourmets, Sportliche und Fans von feinen Live-Konzerten oder einem ruhigen Spaziergang off-season. Ein Turm für Narren.*

Im Gedenken an die als Juden und Jüdinnen Vertriebenen und Ermordeten, die in der Servitengasse wohnten, Geschäfte führten oder Häuser besaßen.
Karl Isman
Olga Deutsch geb. Kann
Anna Teichtner geb. Kohn
Ernestine Beer geb. Kreisky
Paul Goldschmidt
Lina Schongut
Heinz Huscher
Fritz Pojer
Hermine Klug
Walter Benjamin Feiden
Natan Knisbacher
Edith Herschan
Regine Mally Natzler
Josef Fromm
Josef Deutsch
Sender Schönbach
Georg Steiner
Eva Nacht geb. Grossmann
Rosa Steiger geb. Rosenfeld
Lele Krieger geb. Zanker
Rosa Krämer geb. Fuchs
Moritz Lichtmann
Moses Feiden
Hersch Witztum
Robert Deutsch
Mathilde Cohn geb. Reich
Margarete Treitlsch
Stella Wolf
Bruno Heinz Barth
Herbert Sagel
Anna Nagler
Julie Friedjung geb. Finger
Marie Kirz
Elsa Jokl geb. Schreiner
Sidonie Rosenberg geb. Mayer
Rudolf Wendl
Bernhard Brunner
Maximilian Weiss
Ilona Mehr geb. Török
Benno Knisbacher
David Neubauer
Max Weisz
Fritz Grünwald
Gisela Reichsfeld
Pauline Rosset geb. Bloch
Emma Ornstein
Dora Schlowitz
Georg Neubauer
Ernst Nussbaum
Leopold Steiner
Emanuel Mandl
Rudolf Schwarz
Anna Toch
Otto Richter
Ilse Beer
Jakob König
Josef Nassau
Charlotte Margulies
Markus Salter
Regine Deutsch
Aron Friedmann
Olga Glancz geb. Goldstein
Edith Spiegl geb. Steiner
Carl Krishaber
Lidiya Pollak
Charles Krieger
Erich Blum
Ernst Gross
Alfred Steiger
Leo Steiner
Otto Goldberger
Otto Pollak

## *Rund um die verlorene Couch*

Ich fahre die Rolltreppe im Jonasreindl hinauf zur Währinger Straße. Korrekt heißt der Verkehrsknotenpunkt Schottentor, zehn Straßenbahnlinien und die U-Bahn-Linie 2 treffen hier zusammen. Das Schottentor war eines der Stadttore Wiens, bis es 1860 mit der Stadtmauer dem Ring weichen musste. Seinen Spitznamen erhielt es wegen der ovalen Form und zu Ehren des ehemaligen Wiener Bürgermeisters Franz Jonas, in dessen Amtszeit das Reindl eröffnet wurde – im Jahr 1960. Reindl. Wienerisch für einen kleinen Topf bzw. eine Kasserolle.

Gegenüber steht unübersehbar die Votivkirche. Es komme schon vor, dass Wien-Unkundige diesen gewaltigen Bau für den Stephansdom hielten, schmunzelt der nahe gelegene Fleischer meines Vertrauens, bei dem ich für eine Vorbestellung kurz haltmache. Ein Dom allemal: als Ringstraßendom oder auch Dom vom Alsergrund, dem neunten Wiener Gemeindebezirk, bezeichnet. Erbaut zum Dank für die Errettung Kaiser Franz Josephs I. vor einem Attentat, kräftig unterstützt durch Spenden – Votivgaben –, erbeten vom Volk. Ein Werk des damals erst 26-jährigen Architekten Heinrich von Ferstel, ausgewählt aus 75 Bewerbungen einer internationalen Ausschreibung. Nach 23 Jahren Bauzeit wurde die Kirche 1879 geweiht. Prunkstück im Museum der Kirche ist der aus Holz geschnitzte und vergoldete Flügelalter, ein sogenannter „Antwerpener Altar". Er gilt als bedeutendster erhaltener Altar seiner Art.

Als „kosmopolitische Kirche" versteht sie sich heute, es werden fremdsprachige Messen gelesen, Touristenseelsorge wird angeboten, 2015 wurde die Votivkirche „Last Shelter", so der Titel des gleichnamigen Dokumentarfilms, eine schützende Herberge für Flüchtlinge bei ihrem Protest gegen menschenunwürdige Behandlung.

Im davorliegenden Sigmund-Freud-Park, damals im Zentrum des Geschehens, tummeln sich üblicherweise Studierende der umliegenden Universitätsinstitute, bestückt mit Skripten, miteinander plaudernd, auf den roten Liegestühlen einfach faul in der Sonne liegend. Oder sitzend an einem Granittisch mitten in einem Baumkreis, den die Europäische Union 1997 zum 40. Jahrestag ihrer Gründung pflanzte, für jeden der damals 15 Mitgliedstaaten einen Baum. Der Tisch mit zehn Sitzgelegenheiten kam für die neuen Mitglieder der EU-Erweiterung 2004 dazu. Auch die umliegenden kleinen, netten Lokale sind gut und studentisch besucht. Ein Szenelokal der 1980er-Jahre hat bis heute überlebt: das Café Stein, ausgestattet von Gregor Eichinger, Teil des kongenialen Architektenduos „Eichinger oder Knechtl", Garant für ein in seiner Reduktion spektakuläres Innendesign.

Vorbei am Votiv Kino, einem der ältesten noch bestehenden Wiener Kinos, treffe ich auf die Berggasse. Untrennbar mit dem Namen Freud verknüpft. In meinen Gedanken hänge ich noch dem Votiv Kino nach. Mehrmals stand es vor der Schließung. In den 1970er-Jahren konnte es sich damit über Wasser halten, dass es zum Disney-Kino wurde, verbunden mit dem Recht und der Pflicht, alle Disney-Filme zu spielen. In den 1980ern wurde es im letzten Moment vor dem Zusperren gerettet. Mit den neuen Eigentümern wurde aus dem Bezirkskino von 1912 ein Treffpunkt für Cineastinnen und Cineasten, zusammen mit dem dazugehörigen Kino De France das besucherstärkste Programmkino Österreichs.

In der Berggasse geht es, nomen est omen, wie so oft im hügeligen neunten Bezirk zunächst einmal steil bergab. Linker Hand, im Gartentrakt eines denkmalgeschützten Hauses, einst Gaststätte, befindet sich einer der außergewöhnlichsten Veranstaltungsräume Wiens, das VIENNABallhaus. Hannah Neunteufel, umtriebige Eventmanagerin, ließ den neobarocken Speisesaal detailgetreu renovieren. Welche Pracht, welches Ambiente für Veranstaltungen jeder Art. Also Augen offen halten nach dem Programm, ersatzweise einen Blick durch die Fenster werfen!

Um die Ecke versteckt sich in einem historischen Kellergewölbe die extravagante krypt.bar. Für die Innengestaltung – spektakulär vor allem die sieben Meter lange Theke aus Marmor und Nussholz – wurde das junge Wiener Büro KLK 2017 mit dem American Architectural Prize ausgezeichnet. Die außergewöhnlichen, gemüselastigen Cocktails muss ich heute ausfallen lassen, die Bar sperrt erst am Abend auf. Ich gehe stattdessen in die Buchhandlung Orlando, Ecke Berggasse/Liechtensteinstraße, um in den Neuerscheinungen zu stöbern. Ein kleines, feines Geschäft mit handverlesenen Büchern, Lesungen und Veranstaltungen im eigenen Kulturkeller. In der Liechtensteinstraße gut aufgehoben ist auch, wer eine neue Kaffeemaschine, normal bis High End, eine Uhrmacherwerkstatt, Knöpfe und Zubehör oder neue Schuhe – französische Kultmarken! – braucht. Wie an vielen Ecken und Enden des Viertels noch von den Inhaberinnen und Inhabern geführte Geschäfte mit Flair und persönlicher Beratung.

Vor dem Sigmund Freud Museum gibt es eine kleine Menschenansammlung, vorwiegend junge Leute mit Stadtplan, die ins Museum drängen. Wohl auch, um die berühmte Couch zu sehen, die „mehr Geheimnisse kennt als ein katholischer Beichtstuhl", wie es Freuds Patientin Hilda Doolittle beschrieb. Pech gehabt, die steht in London. Wie auch die Einrichtung, die Freud bei seiner Emigration samt und sonders nach London mitgenommen hat. Kleinigkeiten hat Anna Freud später nach Wien zurückbringen lassen. Gerade die Leere erzählt aber eine Geschichte, ist sich Peter Nömaier, Leitungsmitglied des Museums, sicher.

Dieser Leerstelle kommt auch in der Dauerausstellung des nach einem Umbau neu eröffneten Museums eine besondere Bedeutung zu. Als Sinnbild und Erinnerungsort für die Verluste, die im Nationalsozialismus durch Flucht und Ermordung entstanden sind. Im erweiterten Museum sind erstmals auch die privaten Räume der Familie zugänglich, was einen Einblick in die Familiengeschichte und den Alltag der Familie Freud erlaubt. Die Praxisräumlichkeiten samt dem original möblierten Wartezimmer lassen erahnen, wie der Freud'schen Kundschaft in dieser Atmosphäre wohl zumute war. Das Museum beherbergt mit 40 000 Titeln zudem die größte psychoanalytische Bibliothek Europas, die zweitgrößte der Welt.

In der Umgebung des Museums ist es zwar belebt, aber erstaunlicherweise selten überlaufen. In der Berggasse eröffnen laufend neue Lokale und verschwinden wieder. Ich bleibe noch kurz bei den Auslagen der Galerie Fortuna stehen, einer Fundgrube für Kunst und Design aus den ärmeren Ländern der Welt. Dann tauche ich ein ins Innere des Servitenviertels.

Käsebar & Greißlerei

## *Gourmandisen*

Klein-Paris wäre es gerne, die Vision der Kaufleute war ein „little Montmatre von Wien“. Eigentlich ist es sehr wienerisch, mit einer wunderschönen Jahrhundertwende-Architektur, viel Stuck, großen Erkern und Ornamenten rund um die Fenster. Zugegeben, schon ein klein wenig parisien. Ein Flanierviertel, ein Ausgehviertel, ein Gourmetviertel mit hoher Lokaldichte. Ein Dörfchen im südöstlichen Eck des Alsergrunds, fünf Minuten von der Innenstadt entfernt. Eingebettet in ein bürgerliches Wohnviertel mit gepflegten Zinshäusern, Kulturbetrieben und Baudenkmälern. In den Seitengassen der eine oder andere Gemeindebau.

Herzstück des Viertels ist die Servitengasse. Ihr Mittelpunkt, die Servitenkirche, ist die älteste Barockkirche Wiens, so wie die Peregrini-Kapelle an ihrer Nordseite sehr sehenswert. Die nach dem Namenspatron benannten Peregrinikipferln, ein festliches Mürbteiggebäck, fanden angeblich auch im Hause Freud großen Zuspruch.

Am Eingang der Servitengasse, in der Mercerie, gibt es auch hervorragende Kipferln, besser gesagt Croissants, so wie das Baguette aus der hauseigenen Bäckerei. Die Eclairs sind eine Wucht, sie werden von einer Pariser Patisserie geliefert. Auch sonst ist alles très français, auch der Besitzer. Die alte Holzvertäfelung könnte aus Paris sein, ist aber wie die vielen eingebauten kleinen Schubladen Relikt der früheren Drogerie und des noch früheren Knopfgeschäfts, die hier im Servitenhof ihre Ware verkauften. Beispielsweise Sandpapierfeilen, Wimpernscheren, Luller, Puder und Quasten, wie die Beschriftung verrät. „Mercerie", zu Deutsch Kurzwarengeschäft oder Krimskramsladen, spielt darauf an. Heute enthalten die Lädchen Besteck, Servietten und andere Kleinigkeiten, die man für Speis und Trank so braucht. Es gibt Frühstück, Suppen, Beef Tatar und diverse Planchettes, natürlich Croque Monsieur. Ein einziges Manko hat die Mercerie: Nur mit Glück ergattert man einen Platz. Reserviert werden kann hier nicht, es ist nur Barzahlung möglich. Der Besitzer verzichtet bewusst auf Website und Telefon. Er wollte „was Kleines für die Leute in der Nachbarschaft". Alles läuft über Mundpropaganda und über Likes der Social-Media-Gemeinde. Auch heute: bummvoll, wie man in Wien sagt. Drinnen im kleinen Lokal und an den Tischchen im Freien. Ich nehme ein Baguette mit, vielleicht für eine kleine Wegzehrung.

Im Caffè a Casa trinke ich zur Stärkung einen Stehcafé aus eigener Röstung. Gehe dann weiter entlang der Servitengasse. Kopfsteinpflaster, ein Lokal nach dem anderen, davor hübsche Gastgärten unter schattenspendenden Bäumen, Blumenrabatten. Dazwischen kleine Geschäfte mit gut erhaltenen, schönen Holzportalen. Wie das Edelschimmel, Käsebar & Greißlerei, dort habe ich die Qual der Wahl zwischen 80 Käsesorten, die zur Verkostung und für den Verkauf über die Gasse bereitliegen. Ich kann mich nicht recht entscheiden, komme lieber ein andermal auf eine Käseplatte, derzeit ist gerade

„Stinkad und rot“ angesagt, also Rotschimmelkäse mit Hautgout. Für mich sehr verlockend. Die schräg gegenüberliegende Suppenwirtschaft, sogar im Guardian lobend erwähnt, lasse ich heute links liegen und steuere den Feinkostladen von Gerald König – nicht mit mir verwandt – an. Aus seinem Spezialitätensortiment erstehe ich ein wenig Toskanasalami und Prosciutto crudo für meinen Proviant. In Königs Geschäft wurden seinerzeit vom k. u. k. Hofbäcker Ludwig Plank die schon erwähnten Peregrinikipferln gebacken, wie er gerne erzählt. Die gibt es hier nicht mehr. Wer Lust auf Süßes hat, sucht am besten die nahe Xocolat-Manufaktur auf und erfährt dort nebenbei anschaulich, wie Schokolade geschöpft wird. Wem danach ist, der oder die findet in den Seitengassen auch Burger und asiatisches Streetfood, Letzteres beim KIANG, 1985 das erste asiatische Restaurant in Wien abseits der glutamatgetränkten Chinarestaurantkultur. Es schmeckt noch immer.

Zur Grünentorgasse hin wird es wieder sehr wienerisch. In der Café-Konditorei Bürger warten Esterházyschnitte, Maronischnitte, Kardinalschnitte und vieles mehr auf Fans des sehr Süßen. Angeblich gibt es hier den besten Krapfen Wiens. Gemeint ist der Faschingskrapfen, anderswo bekannt als Berliner, Berliner Pfannkuchen oder Fasnachtsküchle. Auch der Servitenwirt hat sich kulinarisch Wien verschrieben und bietet einen schönen Gastgarten mit Blick auf die Servitenkirche.

Damit es nicht zu gemütlich wird: Wenige Minuten entfernt war einst eine Hinrichtungsstätte, wo gehenkt, gerädert, geköpft und gebrandmarkt wurde. Im Altarraum der Servitenkirche erinnert das 4 m hohe Galgenkreuz daran. Ein bisschen gebe ich mich noch der Entspannung hin, bevor ich ein weiteres dunkles Kapitel in der Geschichte des Viertels aufsuche. Ein Vorbote ist die Installation „Schlüssel gegen das Vergessen“ gegenüber der Kirche, eine in den Boden eingelassene Glasvitrine mit 462 Schlüsseln und dazugehörigen Namensanhängern für ebenso viele im Nationalsozialismus ermordete jüdische Bewohnerinnen und Bewohner der Servitengasse. Der Alsergrund war bis 1938 einer der Wiener Bezirke mit den meisten jüdischen Einwohnerinnen und Einwohnern. In der Servitengasse wohnten jüdische und, mehrheitlich, nicht jüdische Familien in unmittelbarer Nachbarschaft. Nach 1938 waren Erstere „verschwunden“, sprich vertrieben, deportiert, getötet.

Ich gehe hinunter zum Donaukanal, zur summerstage, mit der Mitte der 1990er-Jahre die Metamorphose des Kanals zur Freizeitmeile seinen Anfang nahm. Rechts entlang Richtung Schwedenplatz ist es im Sommer laut und trubelig, außerhalb der Saison liegt alles im Schlaf, linker Hand ist es ganzjährig ruhiger. Auf der gegenüberliegenden Ufermauer Graffiti, so weit man blicken kann. Im Wettsteinpark ein Stück dahinter steht die Birke 2/23 des Projekts „Birken für Johanna“. Ein Kunstprojekt, bei dem in jedem der 23 Wiener Bezirke eine Birke dorthin gepflanzt wurde, wo ein Park nach einem berühmten Mann benannt ist – um auf die geringe Präsenz von Frauen in Wiener Ortsbezeichnungen hinzuweisen. Und eine Verneigung vor Johanna Dohnal, einer der herausragenden Persönlichkeiten österreichischer Frauenpolitik.

Über die Seegasse spaziere ich wieder hinein ins Servitenviertel. In wenigen Minuten erreiche ich den jüdischen Friedhof Seegasse.

## *Gassel allwo der Juden Grabstätte*

„Wer das sucht, was euphemistisch ‚jüdisches Wien' genannt wird", schrieb die Historikerin Helene Maimann einmal, „läuft durch ein Gräberfeld". Der älteste jüdische Friedhof Österreichs liegt in einem Innenhof hinter dem Seniorenheim Rossau, in der Seegasse. Die Seegasse hatte bis ins 17. Jahrhundert „Gassel allwo der Juden Grabstätte" geheißen, später nur Judengasse. Da sie oft mit der gleichnamigen Gasse im ersten Bezirk verwechselt wurde, trägt sie seit 1862 den Namen Seegasse.

Ich gehe in das Foyer des Seniorenheimes, etwas schüchtern frage ich die Rezeptionistin nach dem jüdischen Friedhof. „Gehen Sie einfach da durch", informiert sie mich freundlich und zeigt auf den verglasten Hinterausgang. Der von Mauern umschlossene Friedhof liegt eingezwickt zwischen Feuermauern und Hinterfronten der umliegenden Häuser sowie des Seniorenheimes. Wie in einer Senke, auf die ich von einer Balustrade hinunterschauen kann. Es wirkt, als wüchsen die Grabsteine aus der Wiese heraus, manche sind verwittert, stehen schief, drohen zu kippen. Insgesamt 349 erhaltene Grabdenkmäler sind es, darunter mehr als hundert an der Mauer befestigt, viele davon nur mehr Fragmente.

Das älteste Grab datiert aus 1582, das jüngste aus 1783. Angelegt wurde der Friedhof schon früher, von Rückkehrern der ersten Wiener Gesera, der ersten planmäßigen Vernichtung der jüdischen Gemeinden Anfang des 15. Jahrhunderts. Bevor der Friedhof im Nationalsozialismus fast vollständig zerstört wurde, konnten jüdische Zwangsarbeiter mehr als 200 Grabsteine auf dem Zentralfriedhof verstecken und damit in Sicherheit bringen. Gefunden und in die Seegasse zurückgebracht wurden sie in den 1980er-Jahren. Seit dem Jahr 2010 werden die Grabsteine in Zusammenarbeit mit israelisch-rabbinischen Fachleuten wieder an ihren historischen Orten aufgestellt und restauriert.

Sehr betreten verlasse ich den Friedhof wieder. Ebenso anrührend ist der zweitälteste jüdische Friedhof Wiens, der 1784 eröffnete Jüdische Friedhof Währing. Er liegt etwa zwanzig Minuten entfernt im angrenzenden 18. Bezirk. Als Europas größter erhaltener jüdischer Friedhof des 18. und 19. Jahrhunderts ist er massiv von Verfall bedroht. 30 000 Menschen wurden hier begraben, auf den Grabsteinen findet man berühmte Namen wie Epstein, Ephrussi oder von Hofmannsthal. Eine Freiwilligeninitiative bemüht sich redlich um die Restaurierung, ein schier aussichtsloses Unterfangen. Empfehlung: ein Besuch im Rahmen der angebotenen Sonderführungen.

Am bekanntesten unter den jüdischen Friedhöfen sind zwei jüdische Abteilungen auf dem Wiener Zentralfriedhof. Die ältere ist eine der wenigen in Europa, die nicht durch eine Mauer von den christlichen Abteilungen getrennt ist. Weniger bekannt ist der jüdische Friedhof Floridsdorf und die jüdische Abteilung im Friedhof Döbling, wo Tote aller Religionen nebeneinander ihre letzte Ruhe fanden.

## *Große Bühnenkunst im Kleinformat*

Bei meinem Grätzelspaziergang lande ich eigentlich fast immer auch in der Porzellangasse. Benannt nach der Wiener Porzellanmanufaktur „Kaiserlich privilegierte Porcellain Fabrique“, die von 1718 bis 1864 hier angesiedelt war. Eine erstaunlich breite „Gasse“, Gasse heißt in Wien nicht zwingend, dass sie schmal sein muss. Und vor allem eine sehenswerte Gasse, mit Gründerzeitbauten, dem einen oder anderen Jugendstilhaus und dem Fürstenhof: ein Doppelhaus mit einer Verbindungsbrücke in die Liechtensteinstraße.

In der und rund um die Porzellangasse hat sich, und das ist die Hauptattraktion, ein halbes Dutzend kleiner Theater und Mittelbühnen mit ungewöhnlichem, teils avantgardistischem Programm etabliert.

Nahe dem Liechtensteinpark das Theater Center Forum, ein wirklich schönes Kleintheater, eines der ersten Theater im neunten Bezirk, mit einem breit gefächerten, leichtfüßigen, fröhlichen Programm. Ein paar Schritte weiter, auch in der Porzellangasse, im Innenhof eines früheren Fabrikgebäudes – nicht ganz leicht zu finden – ein etwas kurioses Figurentheater, das Kabinetttheater. Im Wohnraum der Prinzipalin werden Minidramen von der Jahrhundertwende bis zur Gegenwart gespielt und Mikro-Opern, in Kooperation mit zeitgenössischen Komponistinnen wie der renommierten Olga Neuwirth.

Stadteinwärts und unbedingt empfehlenswert sind die gesellschaftskritisch engagierten Produktionen des Schauspielhauses Wien, einer Mittelbühne. Anfang des 20. Jahrhunderts ein kleines Varieté, einer der ersten Kinosäle Wiens, bis 1975 „Heimat-Kino“ bzw. „Citta 2000“. Eine Szene des Films „Der Dritte Mann“ von Carol Reed spielt darin. Seit 1978 wird dort zeitgenössisches Autorentheater gespielt.

In einer kleinen Seitengasse, schon nahe der Berggasse, empfiehlt sich seit 2016 das Bronski & Grünberg. Ihren Stil nennen die Betreiber „erlesener Progressiv-Boulevard“, das sind Neubearbeitungen von Richard III., La Traviata, dem Edgar-Wallace-Film „Die toten Augen von London“ bis hin zur Johann-Strauss-Operette Wiener Blut. Und – „sehr, sehr, sehr, sehr, sehr, sehr, sehr frei“ – Schnitzlers Reigen. Dargeboten von hochkarätigen Künstlerinnen und Künstlern. Der Name des Etablissements leitet sich von zwei Figuren des Ernst-Lubitsch-Films „Sein oder Nichtsein“ ab, einer bissig-bösen Satire auf die Nazi-Diktatur.

Das „Theater Experiment“ unweit der Porzellangasse, mit 49 Plätzen das kleinste und zugleich zweitälteste Kellertheater Wiens, ist in einem ehemaligen Kohlenkeller untergebracht. Das älteste Kellertheater, die „Neue Tribüne“, spielt übrigens im Souterrain des berühmten Café Landtmann an der Ringstraße.

Ein weiteres Figurentheater westlich des Liechtensteinparks ist das „Schuberttheater – Puppentheater für Erwachsene“. Eigenbeschreibung: „bekannt und beliebt für seine morbid-humorvollen Abende sowie für seine poetischen Bilderreisen“, zum Beispiel zu den vielen Gesichtern von Hedy Lamarr, „schönste Frau der Welt aus Döbling“, Erfinderin und Hollywoodstar. Das trifft es ganz gut.

Angegliedert an das Lycée, eine französische Auslandsschule in Wien, ist Le Studio in der Liechtensteinstraße: ehemals Reitschule, Bildhaueratelier, Kino, dann Studio Molière, ein vor allem schulintern genutzter Veranstaltungssaal.

Im Zuge eines Umbaus erhielt das Studio Molière sein neues Aussehen, einen großen Saal und eine Bühne für Theaterstücke und Filmaufführungen. Und 2019 ein neues künstlerisches Konzept: Lise Lendais und Pierre-Emmanuel Finzi, beide gebürtig in Paris, beide der Liebe wegen nach Wien gekommen, sie Kostüm- und Bühnenbildnerin, er Filmproduzent, erschaffen im „Le Studio Film und Bühne“ eine wunderbare Mixtur aus Film- und Bühnenkunst.

## *Fürstliche Pfade und eine literarische Stiege*

Über die Fürstengasse gelange ich zum Gartenpalais Liechtenstein im gleichnamigen Park. Früher ein bedeutender Barockgarten, wie viele andere Anlagen im späten 18. Jahrhundert in einen weitläufigen englischen Landschaftsgarten umgewandelt. In den frühen 2000er-Jahren wurde daraus ein Park. Er ist in Privatbesitz, aber öffentlich zugänglich.

Das ebenfalls barocke Gartenpalais Liechtenstein beherbergt gemeinsam mit dem Stadtpalais in der Wiener Innenstadt eine der weltweit bedeutendsten privaten Sammlungen europäischer Kunst aus fünf Jahrhunderten. Besichtigung hier wie dort nur per vorgebuchter öffentlicher Führung. Aber für Kunstinteressierte sehr lohnenswert.

Schön ist es, hier spazieren zu gehen, unter alten Bäumen, auf vielen schmalen Pfaden, vorbei an einem kleinen Teich, an einer der etwas raren Sitzbänke, zwischen Vasen und Statuen, Blumenrabatten, Rasenflächen. Wer gerne Unterhaltung hat, geht auf den großen Spielplatz, hier gibt es ausreichend Sitzgelegenheiten. Es wäre höchste Zeit für meine Wegzehrung. Die mag ich aber lieber auf einer berühmten Treppe zu mir nehmen.

Wer kennt sie nicht, die Strudlhofstiege? Zumindest vom Hörensagen oder aus der Literatur. Stichwort: Heimito von Doderer. Vom Ausgang des Liechtensteinparks beim Spielplatz via Liechtensteinstraße/Pasteurgasse erreichbar. Mit dem Wiener Strudel, einer Mehlspeise, hat sie nichts tun zu tun, sondern mit dem Hofmaler Peter Strudel. Unter anderem Gründer der Akademie der bildenden Künste in Wien, der ältesten Kunstakademie Europas.

Ich nehme mein Schinkenbaguette also auf einer Wiener Jugendstiltreppe zu mir, unter Bäumen, nahe einem Brünnlein (kein Trinkwasser!), stilvoll kopierten Hängelampen und geschwungenen Geländern. Ursprünglich war die Anlage blau, nun erstrahlt sie in Otto-Wagner-Grün, das es nebenbei bemerkt zu dessen Zeit noch gar nicht gab, sondern erst in den 1950er-Jahren. Eines der vielen historischen Missverständnisse. Auf einer Steinplatte das verewigte Gedicht Doderers: „Wenn die Blätter auf den Stufen liegen / herbstlich atmet aus den alten Stiegen / was vor Zeiten über sie gegangen. / Mond darin sich zweie dicht umfangen / hielten, leichte Schuh und schwere Tritte, / die bemooste Vase in der Mitte / überdauert Jahre zwischen Kriegen. / Viel ist hingesunken uns zur Trauer / und das Schöne zeigt die kleinste Dauer."

Ich lese es mir laut vor – keiner in der Nähe, der sich über meinen Geisteszustand Gedanken macht. Obwohl ich da am Alsergrund gar nicht so schlecht aufgehoben wäre. Schließlich ist er als Medizinerviertel geläufig, worauf mancher Straßenname hinweist: Boltzmanngasse, Spitalgasse, Lazarettgasse, Pasteurgasse, Van-Swieten-Gasse, ja und auch die Sensengasse, in deren Umgebung es in der Tat im 18. Jahrhundert einige Friedhöfe gab. Der Narrenturm auf dem Gelände des Alten Allgemeinen Krankenhauses der Stadt Wien wurde 1784 als erste Psychiatrische Klinik Kontinentaleuropas errichtet. Heute beherbergt der Turm das Pathologisch-anatomische Bundesmuseum. Schaurig-schön, sehr interessant.

# DIE STRECKE

1h WEGZEIT

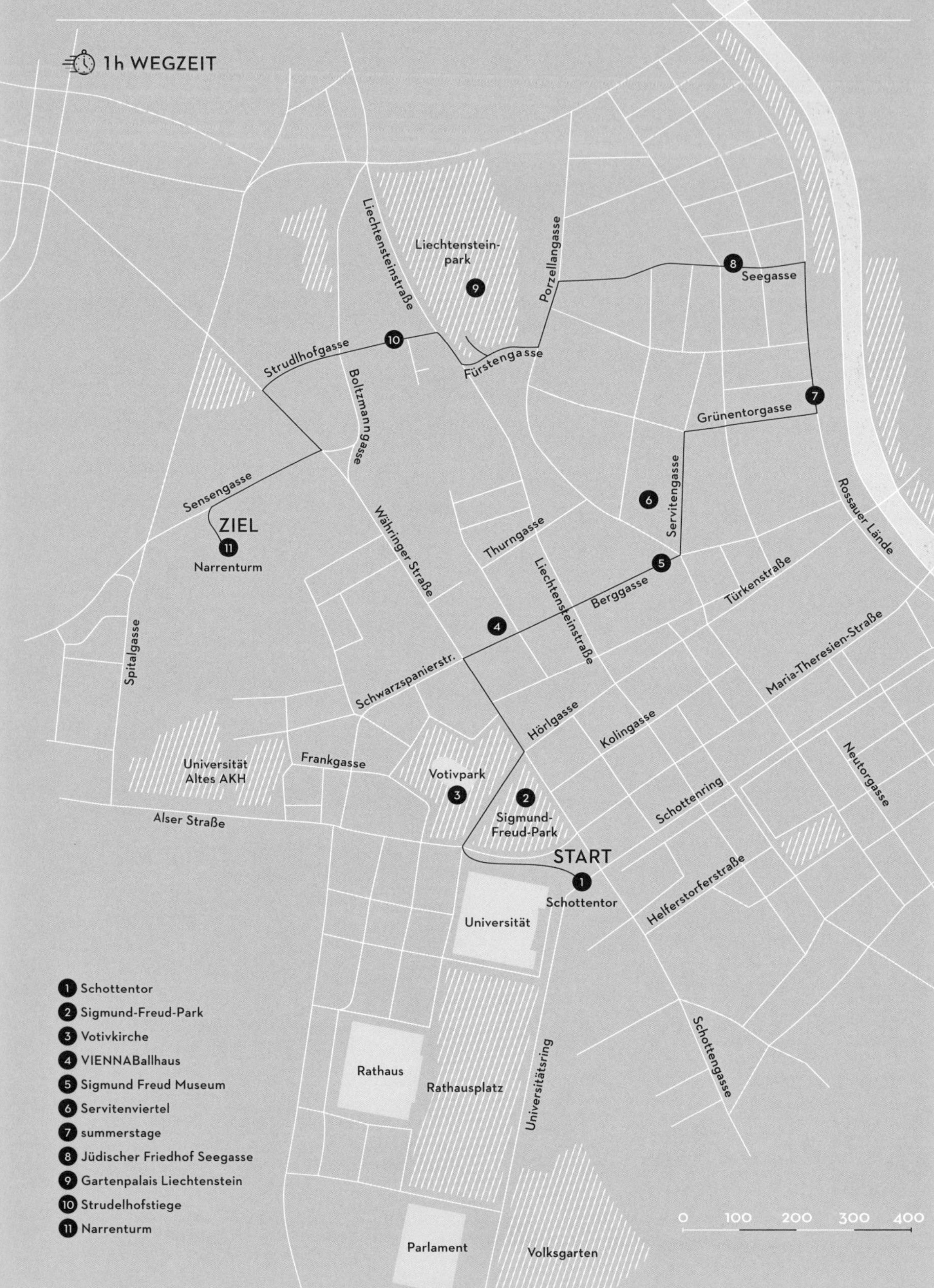


1 Schottentor
2 Sigmund-Freud-Park
3 Votivkirche
4 VIENNABallhaus
5 Sigmund Freud Museum
6 Servitenviertel
7 summerstage
8 Jüdischer Friedhof Seegasse
9 Gartenpalais Liechtenstein
10 Strudelhofstiege
11 Narrenturm

## Nützliche Informationen

Der Jüdische Friedhof Seegasse kann wochentags von 7 bis 15 Uhr über das Haus Rossau, (9.), Seegasse 9, betreten werden. Der rund 2000 Quadratmeter große Friedhof befindet sich im Innenhof des Wohnhauses für Seniorinnen und Senioren.

Am öffentlich nicht zugänglichen Jüdischen Friedhof Währing, (18.), Schrottenbachgasse 3, gibt es jeden Monat etwa zweistündige Sonderführungen. Informationen und Anmeldung: www.jued-friedhof18.at/fuehrungen/

## Der besondere Tipp

Die Confiserie zum süßen Eck, (9.), Währinger Straße 65. Sie ist eines der ältesten traditionellen Zuckerlgeschäfte in Wien. Das 1914 gegründete Geschäft führt rund 5000 süße Artikel aus aller Welt, darunter 140 Sorten Lakritze, Wiener Klassiker wie Seidenzuckerln, Krachmandeln, Himbeerbonbons und hervorragende Schokoladen. War 1987 Filmkulisse für den James-Bond-Film „Der Hauch des Todes".

## Kultur

Szenische Lesungen in einem Alsergrunder Beisel von der alten Garde des legendären Kellertheaters Gruppe 80, heute Theater an der Gumpendorfer Straße (TAG). Sensationell ist die jährliche Silvesterlesung von Ernst Jandls Einakter „die humanisten". Auch im Repertoire: Nestroys Posse „Der böse Geist Lumpazivagabundus". Gasthaus Lechner, (9.), Wilhelm-Exner-Gasse 28.

## Lieblingslokale

Ragusa, (9.), Berggasse 15. Bodenständige dalmatinische Fischküche erster Güte in einem sehr sympathischen Lokal. Die Fische werden täglich frisch von der Adriaküste geliefert. Unbedingt den Branzino in Salzkruste probieren.

Sven's Sohn, (9.), Berggasse 28, nennt sich zu Recht Wohnzimmer-Restaurant, besonders interessant sind sonst nur selten angebotene „Wiener" Klassiker wie Szegediner Krautfleisch, Reisfleisch, geröstete Kalbsnierndln (für fortgeschrittene Esser!) und Powidlpalatschinken.

## Wegzehrung

Auf Schritt und Tritt in der Servitengasse. Ein Highlight unter anderen ist für mich die Soup&Salad Combo der Suppenwirtschaft, (9.), Servitengasse 6, eine kleine Mahlzeit, die ich vor Jahren auf Reisen im Hinterland der USA lieben gelernt habe.

## Und was ich noch sagen wollte …

Selbst Otto-Wagner-Fans kaum bekannt sind einige der ältesten erhaltenen Bauten des Wiener Star-Architekten, Architekturtheoretikers und Stadtplaners im neunten Bezirk. Alle zehn Mietshäuser der Harmoniegasse und das ehemalige Harmonietheater in der Wasagasse 33 sind Frühwerke Otto Wagners aus dem Jahr 1864. Die Außenfassaden sind im Originalzustand erhalten oder originalgetreu renoviert.

152 – 167

# Nachbarschaft, Business und schöne Künste

## *Boomende Quartiere, Kreta und der kleine Prater*

Hauptbahnhof – Sonnwendviertel – Das Park Café – GLEIS 21 – Bildungscampus – Casa Sonnwendviertel – Wohn_Zimmer Sonnwendviertel – Cape 10 – Quartier Belvedere – Erste Campus – Belvedere 21 – Stadtraum Kempelenpark – Brotfabrik Wien – Böhmischer Prater

1 ¼ STUNDEN WEGZEIT

*Ein Hauptbahnhof mit spektakulärer Dachkonstruktion, zwei neue Stadtteile auf dem Areal eines ehemaligen Bahnhofs mit Sehnsuchtsgleisen. Eine gute Mischung aus Alteingesessenen, Zugewanderten, Gutbürgerlichen und kulturaffinen Pionieren, die Gemeinschaftsleben und Nachbarschaft verwirklichen wollen. Ein außerwöhnlicher Bildungscampus und ein cooles Park Café. Ein pinkfarbenes Haus für eine unerwartete Bewohnerschaft. Der spannendste Sozialbau Wiens von Coop Himmelb(l)au. Im zweiten Stadtteil das Headquarter einer Großbank mit ausgeklügelter Architektur und überraschender Kantine. Auch sonst viel Exklusivität und Luxus. Moderne Kunst und ein Kulturareal diesseits und jenseits der Gleise. Ein Kreativspielplatz auf verrufenem Grund und der kleine Bruder des Praters für Nostalgische.*

# Übergänge

Wien wächst nicht nur an den Rändern, wie in Aspern, sondern auch mitten in der Stadt. Im bevölkerungsreichsten Bezirk Wiens, Favoriten, zwei Kilometer Luftlinie vom Stephansplatz entfernt, entstehen rund um den neu gebauten Hauptbahnhof zwei neue Stadtteile: das Sonnwendviertel und das Quartier Belvedere.

Sechs Kopfbahnhöfe hatte Wien zur Gründerzeit, je einen für Reisende aus dem Norden, Nordwesten, Westen, Osten und Süden, und einen zu Ehren Kaiser Franz Josephs. Bestrebungen, stattdessen einen zentral gelegenen Durchgangsbahnhof zu bauen, scheiterten bis zum Jahr 2015. Dann erst wurde anstelle des Südbahnhofs, inklusive Ostbahnhof, der Hauptbahnhof Wien errichtet. Ein zentraler Bahnhof für Fernreisezüge von und in alle Himmelsrichtungen. Als einziger Kopfbahnhof blieb der Westbahnhof, Start- und Endpunkt aller Regional-Express-Züge und einer privaten Bahnlinie, in Betrieb. Die Areale der anderen alten stillgelegten Bahnhöfe sind, wie die Flächen des ehemaligen Südbahnhofs plus Frachtenbahnhof, Boden für den Bau neuer Stadtviertel in Wien.

Der Südbahnhof, einst größter Bahnhof Österreichs mit spezieller Geschichte. Ab den 1960er-Jahren Ankunfts- und Abfahrtsort für die sogenannten Gastarbeiter aus Jugoslawien und der Türkei, damals hochwillkommen und von den künftigen Arbeitgebern mit Blumenkörben empfangen. Für Gastarbeiter auch eine Art Dorfplatz, Info-Point, Jobbörse, kleines privates Postamt, auf dem Abreisenden Pakete und Briefe an die Daheimgebliebenen mitgegeben werden konnten. Die Möglichkeit, die eigene Sprache hören und sprechen zu können. Ein wenig wohl auch die Hoffnung, irgendwann einmal wieder mit den Liebsten verbunden zu sein. „So bildeten die Schienenstränge eine gewaltige, eiserne Nabelschnur, die die Heimat mit ihren Kindern verband", schrieb Teddy Podgorski in seinem Buch „Geschichten aus dem Hinterhalt". Jahrzehnte später trafen sich hier zugewanderte Kroaten, Serben, Bosniaken

aus den Kriegsgebieten des ehemaligen Jugoslawien. Von 1965 an war der Südbahnhof zudem auch die erste und längere Zeit einzige Transit-Station für emigrierende Jüdinnen und Juden aus der Sowjetunion, auf der Durchreise nach Israel und in die USA.

Der Südbahnhof, ein Wiener Bahnhof mit schlechtem Ruf, vernachlässigt, heruntergekommen, schließlich aufgegeben. Für mich seit meiner Übersiedlung nach Wien in den 1980er-Jahren auch Sehnsuchtsort, an dem die Urlaubsreise in den Süden schon lange vor der Abfahrt auf dem Bahnhof begann. Ein Gewirr aus fremden Sprachen, nicht Reisende, sondern Ortsansässige in der riesigen Wartehalle, Zigarettengeruch, Knoblauchbouquet. Die zwinkernden Südbahnhofaugen, eine Kunstinstallation, gemahnten mit tickender Zeitanzeige ans Einsteigen. Hie und da ging sich vorher noch das berühmte Gulasch im Bahnhofsrestaurant Rosenkavalier aus. Das Schriftstellerpaar Friederike Mayröcker und Ernst Jandl kam sonntags oft zum Mittagessen her und stellte sich vor, es sei gerade von einer Reise gekommen. Und fuhr dann wieder zurück in die Wiener Wohnung.

Mit dem Abriss des Südbahnhofs 2012 ist ein Stück Geschichte und persönlicher Geschichten zu Ende gegangen. Am 8. Dezember 2012 wurde „Wien Südbahnhof" als Bahnhofsname zum letzten Mal verwendet, dann gelöscht. Ein wenig wehmütig macht das schon.

Im Gegensatz zum früheren Südbahnhof, für den britischen Historiker Tony Judt ein „unfreiwilliges Symbol für die Teilung Europas", bilde sich im neuen Hauptbahnhof das neue Europa ab, schreibt der Journalist Hans Haider in einem Beitrag für die Wiener Zeitung. „Wien ist nicht mehr Kopfstation, dead-end railway track." Rund um den neuen Bahnhof entstehen zwei neue Stadtviertel, das Sonnwendviertel und das Quartier Belvedere.

## *Zusammen leben lernen im Sonnwendviertel*

Der Haupteingang des Bahnhofs, dem Gürtel zugewandt, ist für den zentralen Bahnhof einer Großstadt merkwürdig zurückhaltend, man wähnt sich auf der falschen Seite. Eine kleine Vorahnung der spektakulären Dachkonstruktion bekommt man, das ist es auch schon. Hinter dem Eingang steht der vom Südbahnhof geerbte, geflügelte Markuslöwe, 140 Jahre lang Wahrzeichen für die nach Venedig führende Bahnstrecke. Beliebter Treffpunkt, da leicht zu finden. Üblicherweise kommen Reisende aber anderswo an.

Ich etwa komme unterirdisch mit der U-Bahn. Die Rolltreppen hinauf, eröffnet sich eine Riesenhalle mit viel Glas und edlem Stahl, beim ersten Besuch ist die Orientierung nicht so einfach. Der Weg Richtung Ausgang Sonnwendgasse ist aber augenfällig markiert, also Augen auf. Ich will zuerst noch hinauf zu den Gleisanlagen, in sieben Metern Höhe über dem Stadtgrund, mit einem weiten Blick über die neuen und alten Stadtteile der Umgebung. Hier kann ich ein Stück der Unterseite des schimmernden Aluminiumdaches sehen, das den gesamten Bahnhof auf 420 Metern Länge überspannt. Ein Blick auf die Oberseite leider aussichtslos, nur aus einem der obersten Stockwerke der angrenzenden Gebäude ginge das, aber wer kommt dort schon hin?

Über die Sonnwendgasse erreiche ich das nach ihr benannte Sonnwendviertel. Auf einer etwa 34 Hektar großen Fläche entsteht bis zum Jahr 2025 Wohnraum für 13000 Menschen. Eine Mischung aus gefördertem, frei finanziertem und privatem Wohnbau, für viele leistbar. Ein vielfältiges, urbanes Grätzel soll es werden, mit viel Grün, Nachbarschaftsinitiativen und Kulturprojekten.

Jetzt, Anfang 2020, ist manches noch halb fertig, passt nicht zusammen. Ein Mix von Baustilen und Farben, dessen Konzept sich nicht immer erschließt. Nicht ganz zufällig: „Das Problem liegt darin, dass ein Bauträger ein Baufeld bekommt und ein anderer Bauträger das daneben. Es wird ohne viel zu kommunizieren nebeneinander gebaut. Darum sehen die Grundstücke oft so komisch aus“, erklärt Christoph Laimer, Herausgeber des Magazins „dérive – Zeitschrift für Stadtforschung“, in einem Interview.

In der Mitte des Stadtteils liegt der lang gezogene Helmut-Zilk-Park, benannt nach dem ehemaligen Wiener Bürgermeister. Noch sind die Bäume klein, spenden daher wenig Schatten, die Wildblumenwiesen sind erst im Wachsen, die etwas überdimensionierten Rasenflächen wenig einladend. Eine geordnete freie Fläche ohne Winkel und Rückzugsorte. Selbst die fußballspielenden Jugendlichen verlieren sich darin. Mal sehen, wie er wird, wenn er sich eingewachsen hat, wie auch das restliche Viertel.

Ich setze mich in einen Liegestuhl vor dem Park Café, ein erster Überblick, ein erstes Sonnwendviertel-Feeling aus der Mitte des Parks heraus. Indifferent. Noch viel Luft nach oben. Ich kaufe ein Salzstangerl mit Beinschinken und Kren zum Mitnehmen.

Dann schnuppere ich ins Viertel hinein, finde Erstaunliches. Den Grünen Markt, ein Wohnprojekt mit Gemeinschaftsküche, Kino, Bibliothek, Werkstatt und der „Machhalle" im Erdgeschoß – Nahversorger, kommunikativer Treffpunkt und Veranstaltungsort in einem. Oder das Wohnprojekt GLEIS 21, ein Holzbau mit einer Musikschule für Kinder und Jugendliche, medialer Weiterbildung und Sprachkursen für Asylwerbende. Mit einem Theaterkollektiv, das mit dem Burgtheater kooperiert. Mit erhoffter Brückenfunktion zwischen den Jugendlichen hier und jenen aus der Nachbarschaft in Inner-Favoriten.

Auf der anderen Seite des Parks: das Wohn_Zimmer Sonnwendviertel, Brücken im dritten und vierten Geschoß vernetzen alle Bauteile mit den Gemeinschaftseinrichtungen. Ein schwebendes Heimkino, eine Gemeinschaftsküche mit großem Essraum innen und langer Tafel im Freien, eine Indoor-Kletterwand und sogar ein Hallenbad gibt es hier. Eine Straße weiter, in einem großen Innenhof, verheißen Hängematten unter Bäumen eine kleine Ruhepause. Sie gibt es an vielen Stellen im Viertel, frei zugänglich für alle. Zeit für mein Salzstangerl. Wasser habe ich, ganz automatisch, am Trinkbrunnen im Park gezapft.

Gelebte Utopien, solidarisches Miteinander, gemeinschaftliches Zusammenleben. Der neue Stadtteil scheint ein guter Boden dafür zu sein. Die dort wohnen, konnten viel mitbestimmen. Bei der Bauplanung, bei Grünflächen und Gemeinschaftsanlagen wie dem Sonnwendgarten im schon erwähnten Helmut-Zilk-Park, einem Nachbarschaftsgarten mit rund 70 Beeten und eigenen Bienenstöcken.

Drei Lieblingsprojekte von mir: das Pflegewohnhaus Casa, der Bildungscampus Sonnwendviertel und das Cape 10, „Haus der Zukunft und Innovation“, für das der Spatenstich 2020 erfolgte.

Das Casa ist ein verwegen gebautes Haus, rosafarben, „ein fettes Rosa, mit dem man je nach Tageslicht und -laune Punschkrapferl, Lachs, Leberkäse oder Toskana assoziieren kann“. Mit einem klugen Konzept für Menschen mit speziellen Bedürfnissen, etwa Demenzkranken, die man hier üblicherweise nicht vermuten würde. Im Penthouse lebt eine Wohngruppe Alleinerziehender, nicht etwa Herr oder Frau Direktor. Für mich das schönste und ungewöhnlichste Haus des Sonnwendviertels, die Architektur stammt von Rüdiger Lainer, der auch in anderen neuen Stadtvierteln herausragend mitmischt.

Für die zu bauen, die nicht mit dem goldenen Löffel im Mund geboren sind, das ist das Anliegen von Cape 10. In einem hochwertigen Bau nach dem Entwurf von Stararchitekt Wolf D. Prix von Coop Himmelb(l)au und seinem Team entsteht ein Sozial- und Gesundheitszentrum für benachteiligte Personen, darunter obdachlose Frauen und armutsgefährdete Kinder.

Der Bildungscampus Sonnwendviertel ist äußerlich nicht spektakulär, sehr wohl aber das, was sich dort tut. Außergewöhnlich ist schon allein, dass Kinder vom Babyalter bis zum Pflichtschulabschluss mit 14 betreut und unterrichtet werden. Die Schule im Campus hat mit einer herkömmlichen Schule wenig gemein. Statt gewohnter Klassenzimmer gibt es Marktplätze, Nester, sechseckige Tische und viel Glas. Das Haus gestaltet Pädagogik mit, so das Konzept. Sozusagen als dritte pädagogische Instanz neben Lehrpersonen und Eltern.

Durch den Helmut-Zilk-Park gehe ich zurück zur Alfred-Adler-Straße, von dort zum Quartier Belvedere, dem zweiten neuen Stadtteil auf dem Areal des ehemaligen Südbahnhofs. Entweder zehn Minuten per pedes oder zwei Stationen mit der Straßenbahnlinie D bis zur Station Quartier Belvedere S.

## *Geschäftiger Nachbar im Quartier Belvedere*

Das Quartier Belvedere liegt, jenseits der Gleise, auf der anderen Seite des neuen Hauptbahnhofs, wo sehr unterschiedliche Stadtwelten aufeinandertreffen: der gründerzeitliche, gediegene vierte Bezirk Wieden, das Sonnwendviertel am innenstadtnäheren Rand von Favoriten, einem alten Arbeiterbezirk, und der dritte Bezirk mit dem Schweizergarten und dem Belvedere. Das Belvedere, die nahe gelegene barocke Parkanlage mit zwei Schlössern – Weltkulturerbe, weltweit führendes Kunstmuseum –, ist namensgebend für den neuen Stadtteil. Er soll so etwas wie ein Tor zur Stadt werden und die drei Bezirke zusammenwachsen lassen.

Der Kontrast zum Sonnwendviertel ist gewaltig. Im Quartier Belvedere entsteht ein Businessviertel, durchmischt mit luxuriösem Wohnbau und exklusiven Freizeitangeboten. Interessante gastronomische Angebote sollen dafür sorgen, dass das Viertel auch am Abend lebendig bleibt. Mehrere große Projekte sind bereits fertiggestellt bzw. im Bau: Erste Campus, Quartier Belvedere Central (QBC), The Icon Vienna, Wohnen am Schweizergarten.

Das zeitlich erste Bauprojekt und gleich ein großer Wurf war der Erste Campus, das Headquarter einer Großbank, eröffnet 2015. Die elegant geschwungenen vier Bauteile, erdacht vom Wiener Architekturbüro Henke Schreieck, bieten Platz für rund 5000 Beschäftigte. Viel Hirnschmalz ist in die Gestaltung der Arbeitsumgebung investiert worden, kommunikativ und inspirierend soll sie sein. Das konnte ich nicht überprüfen, das Foyer aber ist jedenfalls offen, hell, einladend und öffentlich zugänglich. Im Obergeschoß verbindet ein Gartendeck die Gebäude und stellt damit einen Bezug zum nahen Schweizergarten her. Rund um den Campus summen etwa 80 000 Bienen, die in Bienenstöcken am Dach leben. Fast unwirklich in dieser Umgebung aus Beton, Stahl und Glas.

Aversion gegen Kantinenessen? Bitte das Restaurant IKI am Erste Campus versuchen. In der Hauskantine der Bank gibt es erstklassige japanische Küche von der mittäglichen Bento-Box bis zu abendlichen Sharing-Menüs. Selbstverständlich auch vieles to go.

Direkt neben dem Erste Campus entsteht nach einem Konzept des Architektenduos Roman Meissl und Elke Delugan-Meissl gerade das Projekt „Wohnen am Schweizergarten" mit 400 Wohnungen, Geschäftslokalen und einem Kindergarten. Geplante Fertigstellung: 2020. Das gegenüberliegende Quartier Belvedere Central (QBC) beherbergt in sechs Bauteilen Büros, Hotels, Geschäfte, Wohnungen, die meisten sind fertiggestellt. „The Icon Vienna", drei gestaffelte Büro-Türme mit 88, 66 und 38,5 Metern Höhe, liegt in unmittelbarer Nachbarschaft zum Hauptbahnhof direkt am Wiedner Gürtel und hat als einziges Gebäude einen direkten Zugang zum Bahnhof. Der 88er-Turm ist der höchste Punkt des Quartier Belvedere.

Von hier ist es nur mehr ein Katzensprung hinüber in den Schweizergarten, einen der ältesten Parks in Wien. Er beherbergt eines der architektonisch wichtigsten Gebäude der Nachkriegszeit, das heutige Belvedere 21, Museum für zeitgenössische Kunst. Ursprünglich der österreichische Pavillon bei der Brüsseler Weltausstellung 1958, geplant von Karl Schwanzer, 1962 im Schweizergarten wiederaufgebaut und als Museum des 20. Jahrhunderts eröffnet. Unter dem Namen 20er Haus wurde es binnen kurzer Zeit zum Mittelpunkt moderner und zeitgenössischer Kunst in Wien. Eine Zeit lang war es geschlossen, nach Renovierung und Erweiterung durch den Schwanzer-Schüler Adolf Krischanitz wurde es 2011 als 21er Haus wiedereröffnet und ist seither einer der Standorte des Museums Belvedere – seit 2018 heißt es denn auch Belvedere 21. Ich war dort immer schon Stammgast und bleibe es weiterhin.

## *In die Randzone*

Hier könnte der Spaziergang enden, aber wenn ich schon in der Gegend bin, möchte ich auch noch einen Ausflug an einen vergessenen Rand von Wien machen. In wenigen Minuten bin ich bei der Haltestelle Quartier Belvedere der Linie D beim Erste Campus an der Arsenalstraße und fahre bis zur Absberggasse. Von dort sind es circa 500 Meter bis zur alten Ankerbrotfabrik.

„Worauf freut sich der Wiener, wenn er vom Urlaub kommt? Auf Hochquellwasser und Ankerbrot." Noch in den 1960er-Jahren warb die 1891 gegründete Brot-und Gebäckfabrik so auf Plakaten für ihre Erzeugnisse, darunter das Brot mit dem eingeprägten Anker, der Sicherheit und Vertrauen symbolisieren sollte. Der g'staubte Wecken, den praktisch jeder Wiener Haushalt kennt, wird wie vieles andere heute noch dort gebacken und überall in Wien verkauft.

Im stillgelegten historischen Teil der Ankerbrotfabrik entstand ab 2009 das Kulturareal Brotfabrik Wien mit Ateliers, Schauräumen und Galerien: etwa der Galerie Ernst Hilger mit zwei großen Ausstellungsflächen für zeitgenössische Kunst, der Fotogalerie Ostlicht und dem Vintage-Möbelshop Lichterloh, alle drei Dependancen von innerstädtischen Standorten. Gutes und günstiges Essen gibt es in magdas KANTINE, einem Sozialprojekt mit Arbeitsplätzen für Geflüchtete und Arbeitslose. Im früheren Maschinenraum der Brotfabrik hat sich das Sudhaus Ten.Fifty eingerichtet, dort kann donnerstagabends im Tap Room das frische Craft Beer verkostet werden.

Rund 500 Meter entfernt betrete ich den Stadtraum Kempelenpark in der Kreta, dem hintersten Winkel von Favoriten. Nie zuvor war ich hier: Auf dem riesigen Gelände der Österreich- und Osteuropazentrale des Technologiekonzerns Siemens und am angrenzenden Kempelenpark soll ein neues Stadtviertel entstehen. Zwischenzeitlich werden die leer stehenden Gebäude im großen Stil genutzt: für Start-ups, Co-Working-Büros, Schulungen und Kurse. Eine Zeit lang wohnten hier Flüchtlinge gemeinsam mit Studierenden in einem Projekt der Caritas, dem HAWI, das 2016 sogar auf der Biennale in Venedig vertreten war.

Zwanzig Minuten Fußmarsch sind es von hier noch zum Böhmischen Prater, einer Miniversion des Wiener Wurstelpraters im fernen zweiten Bezirk. Manche behaupten: Wer ihn nicht kennt, kennt Wien nicht. Den Böhmischen Prater gibt es schon seit den 1880er-Jahren. Die „Ziegelbehm", aus Böhmen nach Favoriten zugereiste Ziegelarbeiter, hatten am Laaer Berg, in dem der Böhmische Prater liegt, mit Vorliebe ihre Freizeit verbracht. „Laa-ar Berg", sagt man in Wien korrekt. Schaustellerfamilien zeigten ihre Attraktionen, eine Gaststätte eröffnete, das kleine Vergnügungsviertel war geboren. Vom Panoramarad, einem kleinen Riesenrad, gibt es einen weiten Blick auf die Kehrseite Wiens, den Zentralfriedhof, die Lagerhäuser von Albern, sogar hinüber in die Slowakei. In der obersten Gondel schwebt man höher als am Wiener Riesenrad im Prater, es steht nämlich auf den 251 Höhenmetern des Monte Laa und nicht in der Ebene wie sein großer Bruder.

Da ich heute keine Kinderbegleitung habe, bin ich schnell durch, bleibe aber, weil ich gern ein wenig kindisch bin, immer wieder stehen und betrachte die alten Vehikel. Der Böhmische Prater scheint wie aus der Zeit gefallen. Beschaulich und sympathisch, weit weg vom schrillen Pratertrubel. Auf dem Rückweg mache ich noch einen kleinen Umweg zum idyllischen Butterteich, einem ehemaligen Ziegelteich in einem Vogelschutzgebiet mit über 50 Vogelarten. In den 1920er-Jahren wurden an den Ziegelteichen des Laaer Bergs, den sogenannten Filmteichen, monumentale Stummfilme wie „Sodom und Gomorrha" gedreht.

Für heute bin ich genug herumgewandert. Nach einem kurzen Besuch des Marterls am Eingang in den Laaer Wald, vor dem eine Gedenktafel an die Favoritner Opfer des Zweiten Weltkriegs erinnert, bestelle ich mir ein Taxi. Zehn Minuten später bin ich bei der roten U-Bahn, Station Altes Landgut, und von dort rasch zurück in der Stadt.

## *Kreta liegt in Favoriten*

„Meine erste Spielwiese war ein weites Feld. / Eine sogenannte ‚Gstätten' im Wiener Arbeiterbezirk Favoriten. / Eine Gstätten, die aus unerfindlichen Gründen ‚die Kreta' genannt wurde", heißt es im Favoriten-Lied von Gerhard Bronner, Komponist, Autor, Musiker und Kabarettist, unter anderem auch Schöpfer des Liedes vom g'schupften Ferdl, das in der Version von Helmut Qualtinger Berühmtheit erlangte. Woher die Kreta ihren Namen hat, kann niemand so genau sagen. Angeblich wurde eine Parallele gezogen zwischen den unsicheren Zeiten nach einem Aufstand auf der gleichnamigen griechischen Insel und den Zuständen in der als sehr unsicher geltenden, armen Gegend in Wien.

„Kennt ihr die Kreta?", frage ich Bekannte, die schon lange in Wien leben. Nein oder nicht genau, man sei noch nie dort gewesen. Irgendwo im zehnten Hieb, etwas verrufen, mit baufälligen Mietskasernen aus der Gründerzeit, Substandardwohnungen und überwiegend migrantischer Bevölkerung. Eine der am dichtesten bebauten Gegenden Wiens. Seit jeher würden hier die armen Leute wohnen.

Die Kreta ist tatsächlich ein lange vernachlässigtes, vergessenes Gründerzeitviertel im hintersten Eck von Favoriten, der Großstadt in der Großstadt Wien. Es besteht seit dem 19. Jahrhundert und ist durch Gleiskörper, die Stadtautobahn, eine weitere mehrspurige Straße und den massiven Emil-Fucik-Hof, eine in den 1950er-Jahren errichtete städtische Wohnhausanlage, vom Umfeld abgeschnitten.

Hier lebten die im Favoriten-Lied besungenen Kretabuam: „Schwoaze Hoar, weiße Zähnd. / Und a Messer in de Händ." Eine Gegend, die man vor allem nachts besser mied. „Die Kreta war irgendwie die Gosse, die aber auch schon wieder einen Status hatte." Wer aus der Kreta kam, konnte sich mit seiner Herkunft brüsten und Respekt verschaffen. Heute nennt man das „Street Credibility, die man mit Bronx Attitude vor sich herträgt" (© Journalist und Autor Simon Hadler). Diese Buam, oida, gibt es in der Kreta noch immer, aber ein gefährliches, heißes Pflaster ist sie nicht mehr. Wie auch der Name des Viertels mehr und mehr in Vergessenheit gerät, selbst bei den dortigen Bewohnerinnen und Bewohnern.

Das Kretaviertel wandelt sich auch sonst. Es gehört zu den sogenannten „Zielsanierungsgebieten" Wiens, soll bis 2022 zur Stadt hin geöffnet, begrünt und saniert werden. Die alten Gebäude werden aufgestockt, im Inneren modernisiert, Dachgeschoße ausgebaut. Benachbarte Areale wie die Ankerbrotgründe mit ihrem Kulturareal „Brotfabrik" werden stärker angebunden.

Mit dem Bau des nahen Sonnwendviertels ändert sich zudem das Image des gesamten Bezirks, es sei mittlerweile schon „hip", nach Favoriten zu ziehen. Auf das Kreta-Viertel strahlt das noch kaum aus. Jedoch: Mit dem Projekt Kempelenpark in den Werkhallen und Büros des alten Siemens-Geländes ist bereits eine neue, kleine, kreative Community in die Kreta gezogen. Es wird gearbeitet, gefeiert, gefilmt, ausgestellt und Theater gespielt. Zwischen den Bauten und auf dem Vorplatz wurden Grünflächen gestaltet, die für alle nutzbar sind. Eine Grün-Oase im dicht bebauten Gebiet, hin zur Quellenstraße mit ihren prachtvollen Baumreihen. Ein vielversprechender Anfang.

Wo nie stadtentwickelt wurde, herrscht plötzlich reges Treiben. „Es ist uns wichtig, dass im Kempelenpark Vielfalt herrscht", sagt der frühere Besitzer des Areals, der das Projekt mitbetreut. „Wohnen, Bildung, Arbeit. Bei uns findet alles gleichzeitig statt." Wenn auch bloß temporär genutzt, hat der Kempelenpark das Viertel schon jetzt verändert. Wie nachhaltig, wird sich zeigen, wenn klar ist, was der Investor mit den Gründen vorhat.

Bis dorthin ist es einen von mir wärmstens empfohlenen Besuch wert. Fürchtet euch nicht!

# DIE STRECKE

1 ¼ h WEGZEIT
0
200
400
Landstraßer Gürtel
Wiedner Gürtel
Schweizergarten
START
U1
Haupt-
bahnhof
LINIE D
Ghegastraße
Alfred-Adler-Straße
Arsenal
Sonnwendgasse
Antonie-Alt-Gasse
Maria-Lassnig-Straße
Arsenalstraße
Landgutgasse
Helmut-Zilk-Park
Raaber-Bahn-Gasse
Sonnwendgasse
Lilienthalgasse
Hacker-
gasse
Favoritenstraße
Gudrunstraße
Hlawkagasse
Südbahnhofbrücke
LINIE D
Erlachgasse
Quellenstraße
Absberggasse
Erlachgasse
Steudelgasse
Quellenstraße
Puchsbaumgasse
Laaer Wald
Südosttangente
Urselbrunnengasse
ZIEL
Böhmischer
Prater
Moselgasse
1 Hauptbahnhof
2 Sonnwendviertel
3 Das Park Café
4 GLEIS 21
5 Bildungscampus
6 Casa Sonnwendviertel
7 Wohn_Zimmer Sonnwendviertel
8 Cape 10
9 Quartier Belvedere
10 Erste Campus
11 Belvedere 21
12 Linie D Station Quartier Belvedere
13 Linie D Endstation
14 Stadtraum Kempelenpark
15 Brotfabrik Wien
16 Böhmischer Prater

# NACHSCHLAG

## Nützliche Informationen

Öffnungszeiten in der Brotfabrik, (10.), Absberggasse 27: magdas KANTINE, Montag bis Donnerstag 10 bis 14 Uhr. Tap Room der Brauerei Ten.Fifty, jeden Donnerstag von 18 bis 23 Uhr. Die Kunst- und Kultureinrichtungen haben unterschiedlich geöffnet, aktuelle Informationen unter www.brotfabrik.wien/kunst-kultur.html

## Der besondere Tipp

Hotel Mooons, (4.), Wiedner Gürtel 16, drei Minuten vom Hauptbahnhof entfernt, optimale Verkehrsanbindung in die Innenstadt, in sieben Minuten ist man am Stephansplatz. Das Mooons ist außen wie innen ein Hingucker, von den oberen Stockwerken oder der Dachterrasse sieht man bis in die Stadt, auf der anderen Seite auf das Quartier Belvedere.

## Kultur

Das Kino im Kammergarten vor der Orangerie im Unteren Belvedere, (3.), Rennweg 6, ist das schönste Freiluftkino Wiens. Jedes Jahr im Sommer werden im barocken Ambiente Filme zu einem bestimmten Thema gezeigt.

Das Blickle Kino des Museum Belvedere 21 ist das einzige komplett erhaltene 50er-Jahre-Kino und gleichzeitig eines der technisch modernsten Kinos in Wien. Gezeigt werden u. a. Arbeiten aus dem Videoarchiv und begleitende Programme zu den Ausstellungen des Museums. Ein Solitär.

## Lieblingslokale

Meixner's Gastwirtschaft, (10.), Buchengasse 64. Ein sehr gutes, gemütliches Wirtshaus, wie es im Buche steht. Die Küche wienerisch mit ein paar Einsprengseln, saisonal, hervorragende Adresse für Innereiengerichte, beispielsweise Kalbskutteln. Eine großartige Wein- und Bierauswahl, darunter ein gepflegtes Starobrno vom Fass und Biere aus Kleinbrauereien. Eine Institution.

## Wegzehrung

Ich hole mir am liebsten am Takeaway-Counter des IKI, (10.), Am Belvedere 1, im Austria Campus einen Pad Thai Salat oder eine der köstlichen Sushi-Boxen. Im Quartier Belvedere nimmt das Angebot aber ständig zu, einfach umschauen, was einen anlacht.

## Und was ich noch sagen wollte …

Für einen Zwischenstopp eignet sich die Rooftop-Cocktailbar des Hotel Andaz, (10.), Arsenalstraße 10, bei einem skandinavischen Drink und nordischem Barfood. Mit sensationellem Blick über Wien, vom Belvedere bis zu den Wiener Hausbergen. Aber auch auf die Appartementbauten von Renzo Piano, dem Genueser Stararchitekten, bekannt für revolutionär gestaltete Bauten wie das Centre Pompidou in Paris, das New York Times Building, The Shard in London und viele andere Großprojekte in aller Welt.

RAKY
G PIECES
JAM
Dry Okra
Small Size
Acı
ECE
Ev Tipi
BİBER
Salçası
Durra
Crushed
Red Hot Peppers
with Seeds
Net Wt : 650 g - 22.9 oz ±2%
High Quality
four seasons
الفصول الأربعة
Since 1980
Tomato
Paste
معجون الطماطم
AL-SANNA FOODSTUFF

168 – 183

# Mischkost in der Vorstadt

## *Vom Orient ums Eck zum ältesten Heurigen Wiens*

Josefstädter Straße – Stadtbahnbögen – Brunnenmarkt – Yppenplatz – Ottakringer Straße – BrauWerk – Ottakringer Brauerei – Café Ritter – Manner Schokoladenfabrik – Meinls Rösthalle – Kongressbad – Sandleitenhof – Heuriger 10er Marie

1 ¼ STUNDEN WEGZEIT

*Buntes Treiben und orientalische Düfte auf einem Straßenmarkt, der seinesgleichen sucht. Biofisch, italienische Feinkost, Süß-Saures und hippe Lokale gleich nebenan. Und ein 16er-Blech am Würstelstand. Transkulturelle Kunst in einer ehemaligen Markthalle. Eine nächtliche Ausgehmeile in den alten Stadtbahnbögen, auf denen heute die U-Bahn fährt. Ein Lieblingscafé mit Kipferlfrühstück und Carambol. Weiter draußen Bierbrauen mit Tradition und kreativen Experimenten, auch im Selbstversuch. Alte Genussfabriken der Wiener Traditionsmarken. Ein Paradewohnbau des Roten Wien, Schauplatz eines Kunst- und Kulturfestivals, und eine rot-weiß gestreifte Badeanstalt mit Retrocharme. Der älteste Heurigen Wiens. Ein grüner Spaziergang mit Fernblick und Weinbegleitung.*

GERAK
Aubergine
DioSur

## *Vorgeschmack*

Am Lerchenfelder Gürtel, der schon zu den feineren Nachbarbezirken Josefstadt und Neubau gehört, haben sich in den Bögen unter der alten Stadtbahntrasse eine gute Handvoll trendiger Musiklokale angesiedelt. Die Stadtbahnbögen sind Ergebnis der Stadtplanung des 19. Jahrhunderts, entworfen hat sie, wie auch die Stationen, der Jugendstilarchitekt Otto Wagner. Für die zweite Ringverbindung um die Stadt, den Gürtel, „die Ringstraße des Proletariats" mit Volkswohnbauten statt Palais, war von vorneherein eine Bahn eingeplant gewesen. Sie trennt, zwischen die Fahrbahnen des Gürtels gezogen, die inneren Bezirke von der Vorstadt. Unter dem Viadukt herrschte vor dem Zweiten Weltkrieg buntes Leben: Cafés, Gewerbebetriebe, Stallungen für die Brauereipferde, dazu Gasthäuser in allen Stationen. Fritz Wotruba, einer der bedeutendsten österreichischen Bildhauer des 20. Jahrhunderts, hatte hier sein Atelier.

Jetzt, untertags, ist es ruhig hinter den Glasfassaden der Lokale. Richtig los geht es erst am Abend bis in die Nacht und den frühen Morgen hinein. Im Sommer auch in den Gastgärten vor den Lokalen. Der Lärm stört hier (fast) niemanden. Der vielspurige Gürtel ist eine der am meisten befahrenen und lautesten Straßen in Wien.

Gegenüber der Loop Bar biege ich in die Grundsteingasse ein, in den ältesten Teil von Ottakring. Das Haus auf Nr. 10, mit 300 Jahren auf dem Buckel das älteste Haus des Bezirks, ist jetzt das äußerst preisgünstige Hostel Zum Goldenen Kegel. Künstlerateliers, ein paar kleine Galerien und Kunstprojekte haben sich in der Grundsteingasse angesiedelt. Die Kunsttankstelle an der Ecke Kirchstetterngasse stellt Künstlerinnen und Künstlern Raum für Präsentationen, Lesungen und Ausstellungen zur Verfügung. Den Grundsteinhof, das zuckerlrosa Haus kurz vor der Brunnengasse, ließ der Besitzer der Ottakringer Brauerei 1898 für seine Brauarbeiter bauen. Das Brauhaus selbst liegt eine Viertelstunde zu Fuß entfernt. Ich gehe aber vorerst mal ums Eck in die Brunnengasse.

## *Der Orient ums Eck und ein bisschen bobo*

Ein kleines Quiz: Welcher Wiener Markt ist, gemessen an den Besuchszahlen, der beliebteste? Die Antwort Naschmarkt ist falsch. Der Brunnenmarkt im 16. Bezirk hat ihm mittlerweile den Rang abgelaufen. Zu Recht. Der Naschmarkt liegt im Ranking nach dem Rochusmarkt nur mehr an dritter Stelle.

Der Brunnenmarkt ist kein Geheimtipp mehr, aber touristisch längst nicht so erobert wie der Karmelitermarkt oder eben der Naschmarkt. Mit seinen rund 160 Marktständen ist er Europas längster ständiger Straßenmarkt. Eine der „50 coolest neighbourhoods in the world", findet das britische Reisemagazin Time out. Dennoch vorwiegend ein Markt für die Nahversorgung der Ottakringer Bevölkerung, fast zur Hälfte ausländischer Herkunft. Ein Orient ums Eck mit dem entsprechend bunten Angebot.

Ich tauche in die Dichte des Brunnenmarktes ein. Neben der üblichen Frischmarktware gibt es orientalische Spezialitäten und Stände mit Gebrauchsgegenständen. Entlang der Brunnengasse kleine Cafés, Bäckereien, Feinkostläden, Geschäfte, in denen Schmuck und etwas Ramsch verkauft wird, und ein Wettbüro für Sportwetten. Auch das eine oder andere größere Lokal, wie etwa das Kent mit türkisch-levantinischer Küche. Im riesigen Gastgarten sitzen alteingesessene türkische Familien, junges hippes Publikum und andere Wienerinnen und Wiener einträchtig zusammen. Hier treffe auch ich mich gerne mit Freundinnen und Freunden, die vor ein paar Jahren in die Gegend gezogen sind.

Vom Markt nehme ich als heutige Wegzehrung einen Sack wunderbarster Pflaumen mit. Am Trinkwasserhydranten kann ich sie waschen, nehme einen Schluck kühles Wasser und fülle meine Trinkflasche. Ich habe vor, etwas länger unterwegs sein, stärke mich sicherheitshalber an einem der orientalischen Stände, die auf Glutöfen Spieße, gefüllte Fladen und Sandwiches, köstlich gewürzt, produzieren. Wem mehr nach traditionell Wienerischem ist, empfehle ich einen Halt am 16er-Würstelstand nahe dem Yppenplatz. Hier gibt es Würstel jeder Art, Pferdeleberkäs!, aber auch Alt-Wiener Gulasch und Kümmelbraten. Garniert mit Wiener Schmäh.

In der Gegend des heutigen Brunnenmarkts gab es schon 1830 einen kleinen Markt, der sich über die Jahre und Jahrzehnte nach und nach ausbreitete, zuletzt bis hin zum nahtlos anschließenden Yppenplatz, auf dem die einzigen fest gemauerten Marktstände stehen. Kärntner Kasnudeln gibt es hier und im La Salvia ausgesuchte Spezialitäten aus dem Dreieck Friaul-Julisch Venetien, Slowenien und Istrien. Vom La Salvia beziehe ich, auf Bestellung, fangfrischen Branzino aus Piran, eine Köstlichkeit! Vor dem Pavillon des Wiener Traditionsunternehmens Staud's mit seiner Unzahl süßer und feinsaurer Delikatessen drängt es sich. Ein touristischer Hotspot. Fortgeschrittene wissen, dass ein Großteil der Produkte auch in Wiener Lebensmittelhandlungen zu finden ist. Ein Stück weiter, in der Brunnenpassage, nutzt die Caritas Wien eine frühere Markthalle für ein international ausgezeichnetes interkulturelles Projekt. „Kunst für alle!", steht auf der bunten Fassade mit orientalischen Ornamenten und Ankündigungen in vielen verschiedenen Sprachen.

Richtung Yppenplatz hat sich nach der gelungenen Umgestaltung seit 2009 eine bei Jung und Alt beliebte Beisel-Szene etabliert. In alten Marktständen und den angrenzenden Häusern reiht sich Lokal um Lokal dicht aneinander, die meisten mit Schanigarten. Für jeden Geschmack ist etwas dabei, eine der ältesten Lokalitäten, der Club International mit dem Café C.I., wurde 1983 als niederschwelliges Vorzimmer einer Beratungseinrichtung für Zugewanderte gegründet.

Sommers wie winters sind die Lokale gut besucht bis überfülllt. Macht nichts, irgendwo findet sich immer ein Platz. Am besten einfach durchspazieren, schauen, wo man sich dazusetzen kann, oder ein Glasl Wein, ein Seidl oder sonst was im Stehen trinken, im Freien Wurzeln schlagen, plaudern, diskutieren und das Gewurl genießen, das ist Yppenplatz pur.

## *Gangsta und Genuss*

Vom Yppenplatz gehe ich hinauf in die Ottakringer Straße, einer Mischung aus Einkaufsstraße und Fortgehmeile für die zweite und dritte Generation mit ex-jugoslawischen Wurzeln. Auf der Balkanmeile, wie sie Ansässige nennen, gibt es alle paar Meter Balkan-Cafés, -Clubs und -Diskotheken, Fitnessstudios, Bars und Restaurants. Und ein Ur-Wiener Lokal namens Blunzenstricker, ein Eldorado für Liebhaber der Blutwurst und ihrer diversen Zubereitungsarten.

Vor zwanzig Jahren galt sie als gefährlichste Straße von Wien, als Gangsta's Paradise mit hoher Kriminalität, alltäglicher Gewalt und Randalen nach Fußballspielen. Ausgerechnet mit der Fußball-Europameisterschaft in Wien 2008 kam es zu einem Imagewandel: Die sich sonst in sportlicher Feindschaft gegenüberstehenden türkischen, serbischen und kroatischen Fußballfans aus Wien feierten in Ottakring gemeinsam mit den angereisten Fanclubs fröhlich miteinander, nicht auf der faden, teuren Fanmeile in der Innenstadt.

Samstagabend ist überall Balkan-Party, ein Ausflug in diese andere Welt ist mit Sicherheit ein Erlebnis. Ausprobieren lohnt sich allemal. Untertags bekommt man ein noch nicht runderneuertes, nicht gentrifiziertes typisches Vorstadtviertel zu sehen. Nicht herausgeputzt, aber auch nicht schäbig, durchaus sympathisch. Wieder ein anderer Teil von Wien. Zumindest ein Stück weit durchzugehen, ermöglicht neue Einblicke. Alternativ: mit dem 44er durchfahren bis zur Ottakringer Brauerei.

## *Wiener Tradition*

Ottakring ist die Geburtsstätte großer Wiener Traditionsprodukte. Ottakringer Bier! Meinl Kaffee! Manner Schnitten! Typically Vienna. An die Virginia, Kaiser Franz Josephs Lieblingszigarre, und die Dreier, die billigste filterlose Zigarette, ebenfalls in Ottakring erzeugt, erinnern sich nur mehr ältere Semester.

Die Ottakringer Brauerei ist eine jener Genussmittelfabriken, die sich nach der Eingemeindung des Bezirks um die Jahrhundertwende dort angesiedelt haben. Sie ist die letzte große unabhängige Brauerei Österreichs. Jährlich 490 000 Hektoliter Bier fließen aus ihren Kesseln. Hinein fließt Wasser aus einem hauseigenen, 118 Meter tiefen Brunnen und nicht aus der Wiener Hochquellleitung. Voraussetzung dafür, dass das Bier „Ottakringer" heißen darf. Auf dem Gelände der Brauerei und in den historischen Räumlichkeiten finden in regelmäßigen Abständen Kunst- und Kulturevents, Flohmärkte, der FESCH'MARKT Wien – ein Marktfestival für Kunst und Design – und die jährlichen Braukultur-Wochen statt. Also Augen und Ohren offen halten oder bei einer der angebotenen Führungen teilnehmen. Im BrauWerk, angesiedelt in einem ehemaligen Melasse-Silo der Brauerei, werden „kreative Biere" gebraut, die Bezeichnung Craft Beer wird bewusst vermieden. Bei größeren und kleineren Brautagen lernt man viel über Bier und darf selbst Hand anlegen. Ich habe dabei insbesondere gelernt, dass Bierbrauen vor allem geduldiges Warten erfordert, denn viele Handgriffe braucht es nicht. Zur Überbrückung der Warterei gibt es unzählige Gläser Bier zu verkosten.

Unweit der Brauerei liegt ein Gustostückerl der Wiener Kaffeehauskultur, das Café Ritter. Nicht zu verwechseln mit dem Café Ritter an der Mariahilfer Straße. Beides Unikate, Letzteres überlaufen, das im Vorort weniger bekannt, hier kann man sich stundenlang unbehelligt mit seiner Melange und dem obligaten Glas Wasser vergnügen. Auch mehreren Gläsern. Das Ritter wurde kürzlich, zum Glück nur dezent, renoviert, ein Kipferlfrühstück, Eiernockerl oder das Erdäpfelgulasch mit Budapester genießt man nach wie vor in einem Ambiente aus Wandmalereien, Stuckaturen, Jugendstillampen und Marmortischchen. An Billardtischen wird seit eh und je Carambol, die Wiener Variante des Billards, gespielt. Ein absoluter Lieblingsort.

Sportliche gehen nun über die Wichtelgasse dorthin, wo es schon von Weitem süß duftet. In einem riesigen Gebäudekomplex aus der Gründerzeit wird die „Neapolitaner Schnitte No. 239", als die sie 1898 erstmals im Sortiment aufschien, gebacken und gefüllt. In der rosa Packung mit dem genialen roten Aufreißfaden stecken mundgerecht geschnitten die Original Manner Schnitten: fünf Lagen zarter Waffelblätter, gefüllt mit vier Schichten feinster Haselnuss-Kakaocreme. Trost in allen Lebenslagen, süchtig machend. Die Packung muss auf einen Sitz gegessen werden, denn einmal geöffnet, verlieren die Waffeln ihre Knusprigkeit. Hervorragende Ausrede! Im Shop kann man sich mit preisgünstiger Bruchware eindecken. Ich nehme einen kleinen Vorrat mit, man kann nie wissen …

Wer wie ich dorthin will, wo früher Kaffee geröstet wurde, fährt ab hier, besser mit dem 2er von der nahe gelegenen Station Wilhelminenstraße, bis zur entlegenen Station Sandleitengasse. Dann sind es bloß noch fünf Minuten Fußweg bis zur 1912 errichteten Produktionsstätte des Kaffee- und Lebensmittelimperiums Julius Meinl. Davon ist heute nur mehr ein Teil übrig, das Stammhaus der Firma. Darin sind eine Kaffeerösterei, ein Museum und die Firmenzentrale untergebracht. In der Julius Meinl Akademie werden Workshops angeboten, in denen Barista-Fertigkeiten für den Hausgebrauch erworben werden können.

Als Draufgabe für den weiten Weg hierher gibt es gleich neben dem Meinl das Kongressbad, in Wien liebevoll Konge, Kongerl oder auch Kongo genannt – ein Musterbeispiel der Bäderkultur des Roten Wien. Mit seiner ungewöhnlichen rot-weiß-roten Holzverschalung von außen ein echter Hingucker, im Sommer einen Badebesuch wert. Bereits in den 1930er-Jahren konnte nachts bei Flutlicht in vorgewärmtem Hochquellwasser gebadet werden, es war das größte und modernste Freibad Wiens. Trotz Riesenwasserrutsche immer noch eine weitläufige Insel der Seligen im historischen Ambiente eines wahren Architekturjuwels.

Ich spaziere durch den Kongresspark zum Matteottiplatz, einem italienisch anmutenden Plätzchen, benannt nach dem italienischen Sozialisten Giacomo Matteotti, dessen Ermordung durch Faschisten im Jahre 1924 als Beginn der Diktatur Mussolinis gilt. Hier grenzt der Sandleitenhof an, mit 5000 Wohnungen der größte Gemeindebau des kommunalen Wiener Wohnbaus. Wie eine kleine Stadt oder burgähnlich, die Gebäude liegen auf unterschiedlichen Niveaus und sind durch steinerne Treppen verbunden. Hier findet seit 2012 das Kunstfestival SOHO in Ottakring statt, Ende der 1990er-Jahre aus einer Künstlerinitiative im Brunnenviertel gegründet. Workshops, Ausstellungen, Theaterperformances und Konzerte mit beeindruckend großer Beteiligung von Künstlerinnen und Künstlern aus vielen Sparten.

Nach einem Rundgang steige ich für die Rückfahrt bei der Liebknechtgasse in den 10er ein, in nur wenigen Minuten bin ich beim ältesten Heurigen Wiens, der 10er Marie.

## *Ein Achterl in Ehren*

Ja, es gibt ihn noch, den echten Wiener Heurigen. Das ist ein Heuriger, bei dem nur Eigenbauwein ausgeschenkt werden darf. Er ist mit einem Föhrenbusch beim Eingangstor gekennzeichnet. Eine Tafel zeigt an, ob „aus'gsteckt is'", ob also der Buschenschank auch offen hat. Rund 100 von ihnen gibt es noch in Wien. Der Heurige – der Wein, den man beim Heurigen trinkt – ist der Wein des aktuellen Jahrgangs und darf traditionell nur bis Martini, dem Martinstag am 11. November, so genannt werden. Echter Heuriger bedeutet für mich insbesondere: Freude am Einfachen, Stammgäste, Heurigenwirtin oder -wirt hinter der Schank, kein Chichi-Buffet, sondern eine Heurigenjause mit Schmalzbrot, Liptauer und Frühlingsaufstrich bis hin zum Kümmelbraten mit knuspriger Schwarte. Mitten in den Weinreben sitzen, romantisch versteckt oder mit weitem Blick über Weinberge, Donau und die Stadt. Oder durch Kellergassen in den jenseits der Donau liegenden Weindörfern ziehen.

Ottakring hat eine wenig bekannte, lange Tradition als Weinhauerdorf, an das der alte Ortskern noch erinnert. Von den ehemals dicht bewachsenen Weinhängen sind am Wilhelminenberg bloß zwei Weingärten und ein paar Heurige übrig geblieben. Die zu erwandern lohnt sich aber außerordentlich. Von der 10er Marie geht es vorbei am Ottakringer Friedhof und der Kuffner Sternwarte zum Weinbau Herrmann, dann noch ein steiles Stück bergauf zum Weinbau Leitner unter dem Schloss Wilhelminenberg. Der Leitner hat den besten Wienblick, der Herrmann ist einer der romantischsten Heurigen Wiens. Eine halbe Stunde Fußweg oder eine kurze Busfahrt weiter hinauf durch den Ottakringer Wald eröffnet sich bei der Jubiläumswarte in 449 Metern Seehöhe ein Blick über Wien und den Wienerwald, an klaren Tagen bis ins Leithagebirge, zum Schneeberg und zu den Weißen Karpaten. Oder man bleibt lieber bis zum Sonnenuntergang beim einen oder anderen Achterl Gemischter Satz, pur oder g'spritzt, auf der etwas harten, aber dennoch gemütlichen Heurigenbank sitzen.

Der Gemischte Satz: eine Wiener Besonderheit mit DAC-Status und Slow-Food-Gütesiegel. Ein traditioneller, fruchtig-würziger Weißwein, der aus mindestens drei Rebsorten gemischt wird, die nebeneinander in einem Weingarten stehen und gemeinsam geerntet und gekeltert werden müssen. Und noch eine Besonderheit: Das Wiener Weinanbaugebiet ist das einzige der Welt, das zur Gänze innerhalb der Grenzen einer Großstadt liegt, und zwar seit dem 12. Jahrhundert.

Auf 700 Hektar Fläche wird der Wein angebaut, rund ein Drittel in Stammersdorf im 21. Bezirk. Stammersdorf ist eine der ältesten Ansiedlungen im Wien jenseits der Donau und bis heute ein Weindorf geblieben. Dort, am Fuße des Bisambergs, findet man die meisten urtümlichen Heurigen Wiens. Die Stammersdorfer Kellergasse zählt wie jene im drei Kilometer entfernten Strebersdorf zu den schönsten Kellergassen Wiens. Um mit solchen Heurigen belohnt zu werden, muss man einen etwas weiteren Weg in Kauf nehmen. Die Fahrt durch einen wenig bekannten Teil Wiens gibt es als Draufgabe.

In Mauer, am südlichen Ende der Stadt, kommen die Heurigengäste überwiegend aus der nahen Umgebung: Die Maurer Heurigen sind selbst in Wien wenig bekannt. Der Heurigenbesuch lässt sich mit einer schönen Rundwanderung verbinden: vom Maurer Hauptplatz durch Weingärten am Kadolzberg entlang der Mauer des Lainzer Tiergartens und an der Abzweigung „Schießstätte" zu den Heurigen in der Maurer Langen Gasse und ihrer Verlängerung.

Weinwanderwege empfehlen sich auch, um noch anderswo besondere Heurige zu entdecken: in Hernals, Nussdorf, Jedlersdorf und Oberlaa. Der kleinste und älteste Weingarten Wiens ist übrigens am Schwarzenbergplatz mitten in der Stadt. Er hat 100 Quadratmeter und beherbergt 60 Weinstöcke.

# DIE STRECKE

1 ¼ h WEGZEIT

1. Josefstädter Straße
2. Stadtbahnbögen
3. Brunnenmarkt
4. Yppenplatz
5. Ottakringer Straße
6. BrauWerk
7. Ottakringer Brauerei
8. Café Ritter
9. Manner Schokoladenfabrik
10. Linie 2, Station Sandleitengasse
11. Meinls Rösthalle
12. Kongressbad
13. Sandleitenhof
14. Linie 10, Station Liebknechtgasse
15. Linie 10, Station Maroltingergasse
16. Heuriger 10er Marie

# NACHSCHLAG

## Nützliche Informationen

Beim jährlichen Wiener Weinwandertag im Herbst können Weinberge und Weingärten ausgiebig erkundet werden, Kostproben aus Keller und Heurigenküche inklusive.

Eine der drei Routen führt von Ottakring nach Neuwaldegg. Infos: www.wien.info/de/einkaufen-essen-trinken/wiener-wein-heurige/weinwanderweg

## Der besondere Tipp

Die seit 1830 als Wiener Melange servierte Kaffeespezialität besteht zu gleichen Teilen aus einem kleinen, verlängerten Mokka und warmer, aufgeschäumter Vollmilch. Kaffee in eine vorgewärmte Tasse gießen, die flüssige Milch, die sich unter dem Schaum im Milchkännchen absetzt, dazugegeben, oben bildet sich so das typische Schaumhäubchen. Eine echte Wiener Melange ist kein Cappuccino, für den wird stärkerer Kaffee verwendet. Schlagobers gehört keinesfalls darauf!

## Kultur

Galerie Die Schöne, (16.), Kuffnergasse 7. In einer alten Fabrikshalle gibt es ein abwechslungsreiches Programm mit Ausstellungen, Theaterstücken, Performances und kulinarischen Abenden.

## Lieblingslokale

Gelbmanns Gaststube, (16.), Wilhelminenstraße 62. Ein wunderschönes Vorstadtwirtshaus mit Gastgarten, wie man es nur noch selten findet.

Plachuttas Grünspan, (16.), Ottakringer Straße 266, Bier-Wirtshaus mit riesigem Garten unter alten Kastanienbäumen. Gutes Essen, ich mag das kleine Mittagsmenü besonders gerne. Das Grünspan-Bier gibt es im Siphon zum Mitnehmen.

## Wegzehrung

Vom Brunnenmarkt, von wo sonst? Mein momentaner Favorit: Streetfood aus Syrien und dem Irak mit frischem Brot aus dem Tandoori-Ofen und himmlisch gewürzter Füllung.

## Und was ich noch sagen wollte ...

Die Waffeln der Manner Schnitten werden im weltgrößten Waffelofen hergestellt, der 1000 Kilogramm Teig pro Stunde zu 27 000 Schnitten verarbeitet – die übrigens vegan sind. Die Abwärme des Backofens versorgt den gesamten Betrieb mit Heißwasser, im Winter zusätzlich Haushalte und Betriebe der Umgebung mit Fernwärme. Auch der Stephansdom profitiert von Manner: Die Firma finanziert seit Jahrzehnten einen Steinmetz für dortige Erhaltungsarbeiten. Bedingung: Er muss Arbeitskleidung im Manner-Rosa tragen.

184 – 203

# Rund um den Naschmarkt

## *Hippes auf der Wieden und ein stiegenreiches Viertel*

Karlsplatz – Wiener Musikverein – Karlskirche – Kunsthalle Wien – Secession – Freihausviertel – Gartenhof Planquadrat – Heumühle – Amonstiege – Haus des Meeres – Raimundhof – Capistranstiege – Fillgraderstiege – Semper Depot – Papagenotor – Rahlstiege – MuseumsQuartier

1 STUNDE WEGZEIT

*Ein großer Platz, mehr eine Gegend, mit barocker Kirche und Kulturtempeln. Eine Straße, in der früher die Postkutsche fuhr, ein boomendes Viertel mit Kunst und feinen Dingen, Kulinarischem vom frühen Morgen bis zur Last Order. Ein Planquadrat aus grünen Innenhöfen und eine alte Mühle aus Zeiten der wilden Bäche, die durch Wien flossen. Der Naschmarkt, Stiegen, Stiegen, Stiegen, Raubfische und eine Ameisenstraße in einem alten Flakturm. Ein Möbelmuseum mit habsburgischen Spucknäpfen und Zimmertoiletten. Kleine Shops in kleinen Gassen, die Maschekseite eines Theaters mit berühmtem Tor, asiatische Suppenküche, ein top Kino, eine Libelle auf dem Dach. Und ein witziges Ei.*

GERNGROSS

## *Ein kunstvolles Entree frei Haus*

Der Naschmarkt grenzt entlang des Wientals an die Wieden, den vierten Wiener Gemeindebezirk, gehört aber zu Mariahilf auf der anderen Seite. Die Wieden ist einer der kleinsten Bezirke Wiens, ein dicht besiedelter Bezirk südlich der Innenstadt. „Die Wieden", „auf der Wieden", sagen Fortgeschrittene korrekt, nicht „Wieden" oder „in Wieden". Das nördliche Entree in die Wieden ist der Karlsplatz. Von ihm sagte schon Otto Wagner, er sei kein Platz, sondern eine Gegend. Einen Platz im herkömmlichen Sinn sucht man hier in der Tat vergebens, er ist durch verkehrsreiche Straßenzüge in mehrere Areale geteilt. Die größte Fläche nimmt der Resselpark ein, im Osten durch das Wien Museum und die Karlskirche flankiert, an der Südwestseite vom historischen Hauptgebäude der Technischen Universität Wien und einem Schulbau von Theophil Hansen. Die Karlskirche, das letzte große Werk des barocken Stararchitekten Johann Bernhard Fischer von Erlach, ist immer wieder einen Besuch wert. Das volle Ausmaß ihrer inneren Schönheit lässt sich bis in die Kuppelfresken hinein von einer Plattform ergründen, auf die der Panoramalift führt.

Auf der Innenstadtseite des Karlsplatzes steht eine stattliche Sammlung von Wiener Kunst- und Kulturtempeln: der Wiener Musikverein mit einem der weltweit schönsten und akustisch besten Konzertsäle, in dem das jährliche Neujahrskonzert stattfindet. Ein paar Schritte weiter das Künstlerhaus Wien, das nach einem Relaunch ab 2020 ein neues Museum für moderne und zeitgenössische Kunst beherbergt: die Albertina modern, eine Dependance der weltberühmten Sammlung Albertina im ersten Bezirk. Am westlichen Ende des Karlsplatzes die Wiener Secession mit ihrer goldfarbenen Blätterkuppel, dem Beethovenfries Klimts und Ausstellungen zeitgenössischer Kunst. Sie ruht auf acht Meter hohen Betonsäulen, die bis zum dort unterirdisch fließenden Wienfluss hinabreichen, und ist einer der dortigen Wiener Pfahlbauten. Dahinter ragt eine der ältesten Kunstakademien Europas hervor, die Akademie der bildenden Künste am Schillerplatz.

Wo der Karlsplatz schon in den Naschmarkt übergeht, präsentiert die Kunsthalle Wien, wie ihr Haupthaus im MuseumsQuartier, Ausstellungen und Veranstaltungen rund um die Gegenwartskunst. Der jetzige Glaspavillon, 1992 als gelbes, umstrittenes Provisorium in Containerform errichtet, wurde wie der ursprüngliche Bau vom Wiener Architekten Adolf Krischanitz geplant. Den Pavillon teilt sich die Kunsthalle mit einem meiner Lieblingsorte, dem Heuer am Karlsplatz, früher Kunsthallencafé. Ein Ort für jede Tages- und Jahreszeit. Einrichtung top, Terrasse top, Essen top, außergewöhnliche Getränke und viel Eingelegtes in großen Einmachgläsern. Verbindung von Tradition und modern. Hingehen!

## *Lauter feine Dinge*

Zwischen Naschmarkt und Wiedner Hauptstraße, im nordwestlichen Teil der Wieden, liegt das Freihausviertel. In den vergangenen zehn, fünfzehn Jahren aus dem Dornröschenschlaf erwacht und zum boomenden Stadtviertel avanciert. Freihaus: eine außergewöhnliche, nicht mehr existierende Wohnhausanlage aus dem 17. Jahrhundert, damals mit bis zu tausend Bewohnerinnen und Bewohnern das größte Zinshaus der Stadt. Mit dem Privileg der Steuerfreiheit und der eigenen Gerichtsbarkeit ausgestattet. Im Freihaustheater wurde 1791 Mozarts Zauberflöte uraufgeführt, der Theaterbetrieb übersiedelte kurz danach in das heute noch bestehende Theater an der Wien. 1937 wurde das Freihaus fast zur Gänze abgerissen. Ein einziger Bauteil blieb erhalten: das Hofportal der Rosaliakapelle im Freihaus, das nun auf dem Naschmarkt steht.

Ich starte an der Wiedner Haupstraße, der Verlängerung der Kärntner Straße. Sie ist seit dem 12. Jahrhundert als Fernverkehrsweg in den Süden, insbesondere nach Venedig und Triest, bekannt. Von der Fassade der TU-Bibliothek – Technische Universität Wien – blickt mich rechter Hand eine riesige Skulptur, halb Eule, halb Mensch, an. Am Gesims leisten ihr 16 kleine Eulen Gesellschaft. Die Eulen-Mensch-Familie stammt vom Schweizer Künstler Bruno Weber und soll Weisheit, Gelehrsamkeit und Befreiungsdrang symbolisieren. Die Bibliothek ist Teil des TU-Institutsgebäudes namens Freihaus, ein Hinweis auf den Standort, an dem es in den 1980er-Jahren erbaut wurde.

Ein Stück weiter, im Habig-Hof, dem ehemaligen Geschäfts- und Warenhaus des gleichnamigen k. u. k. Hof-Hutmachers, hat im Erdgeschoß vor Kurzem eine prächtige Filiale der Café-Konditorei Aida eröffnet. Nicht im üblichen Punschkrapferlrosa, ihrem Markenzeichen, sondern edel und vornehm-zurückhaltend, mit stylisch dekorierten Auslagen. Daneben eine kleine, moderne Werkstatt für handgefertigte Pauken- und Schlagwerkschlägel.

Beim Rilke-Platz, einem dreieckigen, für die Gegend typischen Plätzchen, hat 1995 ein kultiges Hotel, „Das Triest", eröffnet. Namentlich eine Reminiszenz an den Postkutschenbahnhof für Reisen von Wien nach Triest, der sich zu Zeiten Maria Theresias hier befand. Ein paar Stichworte zum Triest: gestaltet vom britischen Architekten und Designer Sir Terence Conran, aufregende wie auch unaufgeregte Gastronomie, angeschlossenes Alimentari in einer alten Apotheke und vieles mehr. Empfehlenswert: der sehr preisgünstige Business-Lunch.

Ein kleiner Abstecher zu Nino Crupi am Beginn der Margaretenstraße muss sein. Seit 2004 pilgern Italophile in das Minigeschäft, um Tarocco-Orangen aus den familieneigenen Hainen am Fuße des Ätna zu erstehen oder den einen oder anderen Leckerbissen aus seinem kleinen Sortiment. Je nach Saison türmen sich in der riesigen Auslage mindestens halbhoch Agrumi, Melonen, schachtelweise Panettone oder, zu Ostern, die Colomba tradizionale. Heute gibt es für mich ein Stück Pecorino mit schwarzem Pfeffer, ein bisschen Brot und ein paar Orangen, die letzten der Saison, als Wegzehrung.

Weiter entlang der Wiedner Hauptstraße komme ich in wenigen Minuten zum oberen Teil der Schleifmühlgasse. „Hier stand einst eine Mühle zum Schleifen von Hieb- und Stichwaffen", gibt ein Hausschild Auskunft. Und zwar an einem der Nebenarme des Wienflusses, die bis ins 19. Jahrhundert von Mühlen gesäumt waren (siehe Seite 88). Bis zur Jahrtausendwende war sie eine unattraktive Gasse mit Durchzugsverkehr, leer stehenden Handwerksbetrieben und verfallenden Häusern.

Seither haben sich zwischen Wohnhäusern aus der Gründerzeit nach und nach moderne Galerien, Cafés und Bars, kleine Mode- und Designshops angesiedelt. Ein buntes und lebendiges, aber nicht zu lautes Viertel mit Charme ist entstanden, für viele Zufluchtsort vor dem überfüllten Naschmarkt.

In der Schleifmühlgasse lassen sich den ganzen Tag über vielerlei Bedürfnisse stillen. Bis in den Nachmittag hinein wird vielerorts Frühstück und Brunch angeboten, zum Beispiel in der schon sehr bekannten Vollpension „in der Oma-Variante" oder im Breakfast Club, klein und etwas ausgefallener.

Für den einen oder anderen Sundowner empfiehlt sich das Sektcomptoir Szigeti, in dem die Produkte des burgenländischen Winzers verkostet und zu Hofpreisen gekauft werden können. Die Jause darf mitgebracht werden, wie früher beim Heurigen. Ich habe meine dabei, vom Crupi, siehe oben. Am anderen Ende der Gasse verkauft Perlage rund 80 Champagner-Sorten. Gekostet werden darf auch hier. Das Kontrastprogramm dazu bieten bis spät in die Nacht hinein zwei irische Pubs, eines bereits seit 1996, mit Sportübertragungen, Quiz-Nights und dem klassischen Pub-Food. Es fließen Bier und Whiskey.

Den ganzen Tag über Kuchen und Kaffee sowie Kostproben aus der Testküche gibt es bei Babette's, Lieblingsort!, Kochbuch-Eldorado, Gewürzmarkt, Kochschule und Café in einem. Seit Nathalie Pernstich 2002 dieses Paradies im Viertel eröffnet hat, muss ich nicht mehr zum Vorbild in London, das Books for Cooks in Notting Hill, pilgern. Ich könnte hier Tage verbringen … Im Mimi Mandl ums Eck finde ich ein unbeschreibliches Repertoire an Dingen, die ich rund ums Backen und Dekorieren benötige oder benötigen will, wenn ich sie hier gesehen habe.

Ganztags gibt es auch Italienisches, Asiatisches und Orientalisches. Und Wienerisch-Kroatisches im Café Anzengruber, mehr Beisel als Café, mehr „ranzig" als chic, oder, wie Fans es etwas liebevoller ausdrücken, mit herbem Charme.

Lust auf einen Galeriebesuch? Die Ersten in der Schleifmühlgasse waren Ende der 1990er-Jahre der Galerist Georg Kargl und Christine König, die ihre Galerie vom ersten Bezirk hierher verlegte. Beide stellen auch heute noch hier aus. Andere folgten, gingen, Neue kamen, alle zusammen prägen die Gasse als Kunststandort. Neben Kargl und König heute: die unttld contemporary von Barbara Pretterhofer, die Galerie von Michaela Stock, den Offspace der Innenstadtgalerie Charim und Phileas, eine Organisation zur Förderung zeitgenössischer Kunst.

Bleibt noch das Shoppen – irgendwie passt der Begriff nicht zur Schleifmühlgasse. Es ist ein Gustieren, Probieren, Sich-beraten-Lassen in kleinen Geschäften fernab der Massenware der großen Einkaufsketten. Jutta Pregenzer verkauft hier seit nunmehr rund 30 Jahren ihre eigene Kollektion gemischt mit ausgewählten Marken, neuerdings mit Kleidung aus recyclebarem Material. Besonderes gibt es auch im FLO Vintage, dem ältesten Vintage-Store Wiens. Seit 1978 verkauft Ingrid Raab hier Mode mit Geschichte von 1880 bis 1980. Die besten Designerinnen und Designer der Welt haben sich hier inspirieren lassen. Und das sind bloß zwei modische Beispiele.

Was es sonst noch gibt: Gabarage, dort entstehen aus alten und weggeworfenen Sachen Möbel, Lampen, Taschen und Schmuck. Oder die Lampenschirmerzeugung Ing. Mag. Lion Fink, ein paar Meter die Operngasse hinein, hier gibt es alles rund um die Lampe sowie handgefertigte Stoffkabel in 80 verschiedenen Farben. Don't miss Bobby's Foodstore, seit 1996 Anlaufstelle für Liebhaber britischer und amerikanischer Lebensmittel, sonst in Wien nur schwer erhältlich. Ich sage nur: Cream of Tartar!

Am schönsten: Blumenkraft. Fast gleichzeitig mit den Galerien hat Ende der 1990er-Jahre in der Schleifmühlgasse ein aufsehenerregendes Blumengeschäft eröffnet. Avantgardistisch gestaltet vom Architektenduo „Eichinger oder Knechtl". Avantgardistisch auch die Blumenarrangements in den Auslagen, beinahe wie Skulpturen in einer Galerie. Außergewöhnliche Blumengestecke zum Mitbringen für die Liebsten. Seelenfutter.

Von der Schleifmühlgasse gehe ich über die Margaretenstraße weiter zum Gartenhof Planquadrat, einem seit den 1970er-Jahren öffentlich zugänglichen Garten aus 34 zusammengelegten, begrünten Innenhöfen. Vorher durch Mauern, Zäune, Stacheldraht getrennt und praktische Schuttablage. Ein Blick hinein lohnt sich. Nach der nächsten Kreuzung warten zweierlei feine Dinge: einerseits das Geschäft gleichen Namens, mit handgefertigten, unfassbar zarten, wunderschönen Objekten aus Porzellan – Tischware, Vasen und Lampen. Und die Buchhandlung Anna Jeller, die über sich selbst sagt: eigenwillig, unabhängig und von Moden unbeeindruckt, eine Buchhandlung, wie man sie so nicht mehr oft findet.

Über die Kettenbrückengasse gehe ich Richtung Naschmarkt. Am Ende der Grüngasse mache ich einen kurzen Abstecher zur historischen Heumühle im Innenhof eines Wohnhauses. Ein Bau aus einer anderen Welt, im 14. Jahrhundert entstanden, einst am Mühlbach gelegen. Heute beherbergt sie einen Showroom mit modernen Objektmöbeln und eine Beratungsfirma.

Von hier sind es nur mehr wenige Minuten zum Naschmarkt. In der Kettenbrückengasse unbedingt bei der Manufaktur Fruth anhalten und sich den Verlockungen des gleichnamigen Chocolatiers und Patissiers ergeben. Ein Erlebnis für alle Sinne.

## *Treppauf, treppab in Mariahilf*

Ich quere den Naschmarkt so rasch wie möglich. Und erinnere mich daran, wie großartig er einmal war. Heute gehe ich nur noch selten dorthin, bloß zu einer Handvoll Standler, bei denen ich seit eh und je einkaufe. Am schönsten am Naschmarkt ist es zeitig in der Früh, wenn die Stände langsam aufmachen und noch Ruhe vor dem Touristensturm herrscht.

Am Naschmarkt beginnt der Bezirk Mariahilf, der zweitkleinste Wiener Bezirk. Nach dem Zusammenschluss fünf unabhängiger Gemeinden entstand der Bezirk 1862 in seiner heutigen Form. Die Hauptader des Bezirks und gleichzeitig Grenze zum benachbarten siebten Bezirk Neubau ist die Mariahilfer Straße, umgangssprachlich Mahü. Eine schier endlose Flaniermeile gespickt mit Geschäften und Großkaufhäusern. Seit Mitte der 2010er-Jahre mit einer Fußgängerzone und einer verkehrsberuhigten Begegnungszone, zehn Meter breiten Gehsteigen und einer Baumallee versehen.

Zur Mariahilfer Straße geht es bergauf, der Höhenunterschied zum Wiental beträgt bis zu 30 Meter. Seit die Gegend, eine ehemalige Weinlage, besiedelt wurde, errichtete man Stiegen, mit denen die Steigung leichter überwunden werden kann. Mariahilf zählt mit dem ersten und dem neunten Bezirk zu den stiegenreichsten Bezirken Wiens.

Vom Naschmarkt stadtauswärts geht es rechter Hand in die in Summe längste Stiegenanlage Wiens, die aus mehreren Teilstücken besteht. Sie beginnt an der Stiegengasse, setzt sich über die Amonstiege fort, geht an der Windmühlgasse durch einen „Freiwilligen Durchgang" in den Raimundhof und dort direkt in die Mariahilfer Straße hinauf. Freiwillig heißt, dass es bis auf Widerruf gestattet ist, hier durchzugehen. Der Raimundhof ist eine lang gestreckte Passage aus dem 18. Jahrhundert mit kleinen, durch Stiegen verbundenen Innenhöfen und verschiedensten Geschäften und Lokalen.

Je nach Zeit und Lust bietet sich ein ausgedehnter Abstecher in die Windmühlgasse an. Links erreicht man in wenigen Minuten das Haus des Meeres im Esterházypark und nach weiteren zehn Minuten Fußweg das Hofmobiliendepot in der Andreasgasse.

Das Haus des Meeres ist in einem der Wiener Flaktürme untergebracht, der kürzlich elegante gläserne Anbauten erhielt. In einem Aqua Terra Zoo tummeln sich 10 000 Tiere zu Wasser und zu Lande, vom Hai bis zur Ameise. Eine Ameisenstraße rankt sich 70 Meter entlang eines Glasgeländers über zwei Stockwerke. In einem neuen Konzertsaal im zehnten Stock finden Kulturveranstaltungen unter dem Motto „Kulturwelle – Musik & Meer" statt. Und das in enger Nachbarschaft mit Hammerhaien und einem großartigen Ausblick über Wien.

Zum Hofmobiliendepot im Nachbarbezirk gehe ich am liebsten via Schadekgasse und Richtergasse, schon wegen des dortigen Hauses „Zur Gerechtigkeit" mit beeindruckender Fassade, genauere Geschichte unbekannt. In einer der größten Möbelsammlungen der Welt, ursprünglich Möbellager der Habsburger, gibt es Mobiliar von der Barockzeit bis heute zu besichtigen. Darunter eine umfangreiche Sammlung von Spucknäpfen, Nachttöpfen, Bidets, Zimmertoiletten und anderem Hygienemobiliar aus der Habsburgerzeit.

Aber zurück zu meinem Ausgangspunkt Windmühlgasse: Von hier durchquere ich gemütlich den Raimundhof und schlage mich rechts nach dem Ausgang in das Geflecht kleiner Gassen hinein, die rund um die Mariahilfer Straße einen interessanten Mix aus Design, Mode, Musik und Gastronomie im Kleinformat bieten. Auch preislich gesehen. Über die Capistrangasse gehe ich hinunter zur Fillgradergasse, das letzte Stück über eine weitere kleine Stiege, die Capistranstiege. Wo die Gasse um die Ecke biegt, erwartet mich eine der unbekannteren Schönheiten Wiens, die Fillgraderstiege, ein Prachtstück, das dem Jugendstil zugerechnet wird. Wie auch der Fillgraderhof gegenüber der Stiege. Im Jahr 2004 wurde sie von einer achtzigköpfigen internationalen Jury gar zur viertschönsten Treppenanlage Europas gekürt.

Mich bringt sie in die Theobaldgasse zu Habari, meinem Lieblingsgeschäft. 1997 von Lore Sander und Werner Pilz als Plattform für außereuropäisches Wohndesign gegründet. Das Geschäft mit einem riesigen Kellergewölbe, in dem sich eine Vielzahl an Textilien, Körben und anderen schönen Dingen stapelt, liegt in einem denkmalgeschützten Gebäude, ehemals die Notendruckerei des Operettenkönigs Franz Lehár. Die Handwerksprodukte, oft Einzelstücke, werden in engem Kontakt mit Herstellern vorwiegend aus Afrika und Japan, letztlich aber aus der ganzen Welt, eingekauft und liebevoll präsentiert. Dass man im Habari nichts findet, was man unbedingt haben muss, gibt es einfach nicht.

In der Theobaldgasse und der benachbarten Königsklostergasse könnte man sich auch sonst ewig aufhalten. Einen Bilderrahmen aussuchen, in fairer Mode stöbern, top Sportkleidung erstehen oder im Schmuckatelier Veralie neue Ohrringe anprobieren. In der Akrap Espressobar oder im phil, Bar und Buchhandlung, bei einem Kaffee herumsitzen.

Wenn ich etwas essen will, bin ich im zentrumsnahen Teil der Gumpendorfer Straße gut aufgehoben. Hier versammeln sich hervorragende, leider oft ausgebuchte asiatische Lokale. Wienerisch geht es im traditionsreichen Café Sperl zu, wobei das Essen hier eher als netter Bonus zum Leuteschauen, Plaudern, Diskutieren, Kartenspielen und Zeitunglesen zu betrachten ist. Einige interessante Cocktailbars zur Abrundung eines abendlichen Spaziergangs gibt es in der Umgebung auch.

Und das Atelierhaus der Akademie der bildenden Künste Wien, ehemals Semper Depot, gleich ums Eck vom Sperl in der Lehargasse. Den sensationellen viergeschoßigen Prospekthof mit den rundumlaufenden Galerien bekommt man, wie das gesamte Innenleben, nur bei Veranstaltungen zu Gesicht. Aber durch die großen Fenster lässt sich wenigstens ein erster Blick darauf werfen. Ein kleines Stück danach in der Millöckergasse der frühere Eingang des Theaters an der Wien, das Papagenotor. Überhaupt ist die Maschekseite des Theaters schöner als die vordere.

Zurück in die Gumpendorfer Straße geht es wieder vorbei beim Sperl oder über einen Schleichweg von der Lehargasse durch die Technische Universität: vom Eingang zum Maschinenbaugebäude in einem S durch das Gelände. Ziemlich genau gegenüber dem Ausgang, in der Rahlgasse: das Top Kino. Ein Zentrum für Cineastinnen und Cineasten, Kino, Küche und Bar in einem, mit Frühstücksfilmen am Sonntagmorgen und kollektivem Tatort-Schauen bei freiem Eintritt am Sonntagabend. Die nicht einmal 100 Meter lange Rahlgasse hat erstaunlich viel zu bieten: das Gymnasium Rahlgasse, 1892 das erste Mädchengymnasium Österreichs, heute gemischtgeschlechtlich. Im Leitbild: antifaschistisch, genderbewusst. Die Gerngross-Säule von Franz West aus dem Jahr 2007, kurz vor der Rahlstiege. Der Name kommt nicht vom gleichnamigen Großkaufhaus in der Mariahilfer Straße, sondern vom Kärntner Architekten und Biennale-Teilnehmer Heidulf Gerngross. Auf der Spitze der Säule ein West'sches Witzchen: ein Ei mit dem spiegelverkehrten Schriftzug Gerngross, damit „ein Küken, das sich noch im Inneren befindet, den Namen richtig lesen kann". Und das Aux Gazelles! Leib- und Seelenort in einer ehemaligen Ziegelfabrik am Fuße der Rahlstiege mit orientalischem Einschlag. Essen, Trinken, Bazaar, Hammam und Salon de Thé, mehr muss man dazu eigentlich nicht sagen.

Nach der letzten Stiege für heute, der Rahlstiege, bin ich wieder in der Mariahilfer Straße und dort bei einem der Eingänge zum MuseumsQuartier – MQ. Auf dem Dach des Leopold Museums wird gerade eine spektakuläre Aussichtsterrasse gebaut, die MQ Libelle, mit namensgebender Form. Innen entsteht ein neuer Kunstraum. Bei meinem Besuch ist sie noch Baustelle. Im großen Innenhof des MQ ergattere ich eines der Liegemöbel, der Enzis, und stelle mir vor, wie die Libelle hoch oben in der Sonne schillern wird.

## *Viertel der Spezialisten*

Als ich Mitte der 1980er-Jahre meine erste Wohnung in Wien bezog, ließ ich mir bei einem kleinen Handwerker in der Neubaugasse Stoffrollos aus Gradlstreif fertigen. Genau nach Fenstermaß, fein und präzise gearbeitet, jedes Mal ein Vergnügen, wenn ich sie herunterzog. Zwanzig Jahre später ließ ich für zwei strapazierte Lieblingsfauteils bei der Tapeziererin Luisa Wammes in der Kandlgasse Hussen nähen, die immer noch ihren Dienst tun – wie auch Luisa Wammes in ihrer kleinen Werkstatt. Mittlerweile zählen namhafte Architekturbüros zur Stammkundschaft. Den Rolloerzeuger gibt es hingegen schon lange nicht mehr.

Zwei typische Geschichten für Neubau – so wie die angrenzende Josefstadt ein historisch stark handwerklich geprägter Bezirk. Traditionelles Handwerk ist beinahe verschwunden, aber eine neue Generation von Handwerkerinnen und Handwerkern folgte nach. Was sich nicht verändert hat: Immer wenn ich etwas Spezielles suche, schaue ich erst einmal in den Siebten.

Egal ob es sich um eine neue, wenn möglich handgefertigte Brille oder um Qualitätsmesser handelt. Bekomme ich in der Brillenmanufaktur beziehungsweise bei Franz Musicks Enkelin, „Feinschliff & Schneidgenuss seit 1919“. Für ein neues Kaffeehäferl gehe ich zu Geschirr Niessner oder in das Keramikatelier Kunstwerkerei. Hängematte von chico, einem Mühlviertler Familienbetrieb, gefällig? Oder ein modernes Ledersofa von Kohlmaier mit 125 Jahren Handwerkserfahrung im Hintergrund? Ein gediegenes Silberbesteck und die dazu passende Schatulle kann ich, das nötige Kleingeld vorausgesetzt, bei Jarosinski & Vaugoin beziehungsweise dem Kassettenmacher Fialka erstehen. Jarosinski & Vaugoin erzeugt seit 1847 Bestecke, Tafelsilber und Schmuck und ist der einzige Silberschmied Wiens, der noch in der Stadt produziert. Fialka stellt seit 1923 Schatullen her, „für alles, was wertvoll ist“.

In der Posamentenfabrik M. Maurer werden seit 1863 im Hinterhof Zierbänder, Borten, Fransen, Kordeln, Litzen, Quasten und überzogene Knöpfe in schier unglaublicher Vielfalt hergestellt. Teilweise auf 100 Jahre alten Maschinen. Werksverkauf!

Kordeln anderer Art, nämlich Seile und Schnüre in jeder erdenklichen Stärke, gibt es bei G. Dieroff Nachfolger, wie auch ein großes Sortiment an Rattan, Peddigrohren, Bambus und anderen Naturmaterialien. Seit 1888 im Siebten ansässig, 2007 vom jetzigen Besitzer via Übernahmebörse erstanden.

Neueren Datums ist die Zwirnknopf-Manufaktur von Johanna Arbeithuber, die prachtvollen textilen Knöpfe werden im „inside“ am Spittelberg vertrieben. Eine Fundgrube. Eingepresste Knöpfe und plissierte Stoffe für ein feines Outfit könnte ich aus der Plisseemanufaktur von Renate Houska im Nachbarbezirk Josefstadt mitnehmen, den Betrieb gibt es seit etwa 100 Jahren, die Inhaberin, Einzige ihrer Zunft in Wien, führt ihn seit zwei Jahrzehnten.

Mode? Ja, Mode gibt es ausreichend im Viertel, da geschmacks- und teilweise altersabhängig, sind Empfehlungen schwierig. Nur so viel: Im Neubaugassen- und im Siebensternviertel wie auch in der Westbahnstraße gibt es feine, kleine Geschäfte mit Ware aus eigener Produktion und besonders freundlichem Personal, meist die Inhaberin oder der Inhaber selbst.

Die Westbahnstraße ist auch sonst sehr speziell – sie ist Wiens Mekka der Fotografie und der Schallplatte. Fast alles, was mit Fotografie zu tun hat, ist hier versammelt. Mittendrin die Galerie Westlicht, mit hervorragenden Ausstellungen und einer umfangreichen Sammlung historischer Kameras. Audiophile finden in der Westbahnstraße eine Riesenauswahl an Vinyls, CDs und Zubehör von der Plattennadel bis zur Record-Bag. Die Dichte an Plattengeschäften ist in der Westbahnstraße so hoch wie nirgendwo sonst in Wien.

Vermissen Sie etwas? Schauen Sie sich um. Irgendwie gibt es hier nichts, was es nicht gibt.

# DIE STRECKE

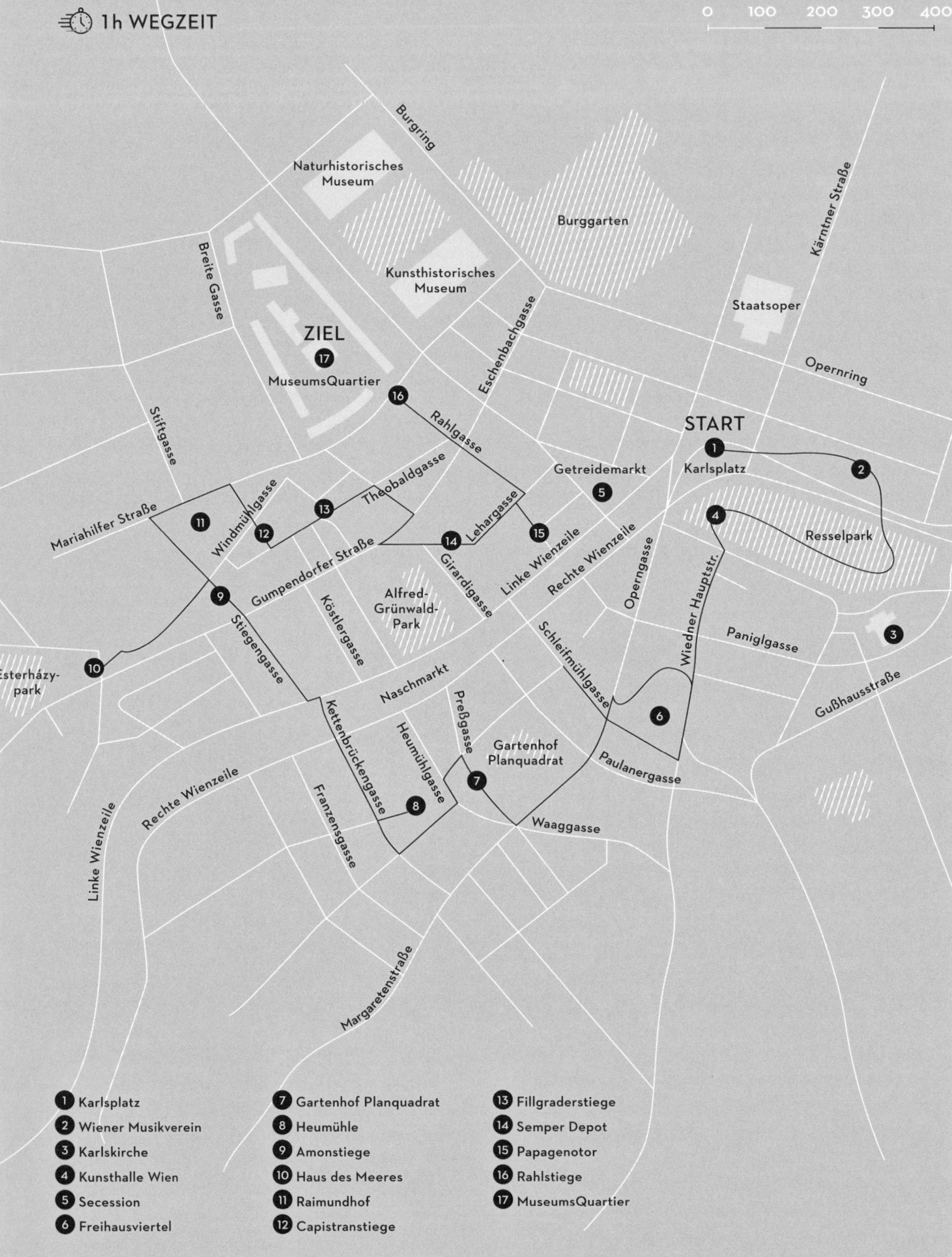

1h WEGZEIT
0 100 200 300 400
Burgring
Naturhistorisches Museum
Burggarten
Kärntner Straße
Breite Gasse
Kunsthistorisches Museum
Staatsoper
Eschenbachgasse
ZIEL
17
MuseumsQuartier
Opernring
16
Stiftgasse
Rahlgasse
START
1
Karlsplatz
2
Getreidemarkt
5
Theobaldgasse
Mariahilfer Straße
11
Windmühlgasse
12
13
Lehargasse
4
Resselpark
14
15
Linke Wienzeile
Rechte Wienzeile
Gumpendorfer Straße
Girardigasse
Operngasse
Wiedner Hauptstr.
9
Köstlergasse
Alfred-Grünwald-Park
Schleifmühlgasse
Paniglgasse
3
Stiegengasse
10
Esterházy-park
Naschmarkt
Gußhausstraße
6
Kettenbrückengasse
Heumühlgasse
Preßgasse
Gartenhof Planquadrat
Paulanergasse
7
Rechte Wienzeile
8
Waaggasse
Franzensgasse
Linke Wienzeile
Margaretenstraße
1 Karlsplatz
2 Wiener Musikverein
3 Karlskirche
4 Kunsthalle Wien
5 Secession
6 Freihausviertel
7 Gartenhof Planquadrat
8 Heumühle
9 Amonstiege
10 Haus des Meeres
11 Raimundhof
12 Capistranstiege
13 Fillgraderstiege
14 Semper Depot
15 Papagenotor
16 Rahlstiege
17 MuseumsQuartier

# NACHSCHLAG

## Nützliche Informationen

Einen Überblick über „unsichtbares Handwerk“ im siebten und achten Bezirk gibt ein Faltplan der Gebietsbetreuung Stadterneuerung. Ein guter Überblick, obwohl von 2017, noch sehr aktuell. Download: www.gbstern.at/themen-projekte/unsichtbares-handwerk/

## Der besondere Tipp

Henzls Ernte, (5.), Kettenbrückengasse 3, eine Manufaktur, in der selbst gepflückte Wildpflanzen, wildes Obst und Wildgemüse frisch oder zu Eingekochtem, Eingelegtem, Eingezuckertem, Saucen, Pulvern, Salzen u. v. m. verarbeitet werden. Wunderschön!

## Kultur

Das Dritte Mann Museum, (4.), Pressgasse 25. Eine Sammlung rund um den Dritten Mann und „Wien nach dem Krieg“, gemeint ist der Zweite Weltkrieg. Mit 3000 Originalexponaten, darunter Drehbücher, Filmkameras, 420 Coverversionen des Harry-Lime-Themas, die Filmzither und Dokumente aus dem Alltagsleben des besetzten Wien.

Theater an der Gumpendorfer Straße (TAG), (6.), Gumpendorfer Straße 67. Eine Wiener Mittelbühne mit selbst entwickelten Theaterabenden, bei denen große literarische Vorlagen neu interpretiert werden. Gastspiele und Improvisationstheater ergänzen das hochkarätige Programm. Im 2006 neu eröffneten Haus spielte zuvor das legendäre Theater Gruppe 80.

## Lieblingslokale

Zur Herknerin, (4.), Wiedner Hauptstraße 36. „Essen ist meine Lieblingsspeise“, zitiert die Wirtin Stefanie Herkner Friedrich Torberg. Wer einmal bei der Herknerin gegessen hat, kann dem nur entschieden zustimmen. Die Tochter einer Wiener Koch-Ikone serviert in ihrem kleinen Lokal Wiener Gerichte mit Nostalgiefaktor und Omas Handschrift. Sie hält auch Knödelseminare ab. Alles rechtzeitig reservieren, es gibt nur wenige Tische und große Nachfrage des Stammpublikums.

## Wegzehrung

Beim einzigartigen Nino Crupi, (4.), Margaretenstraße 3, dem Sizilianer, den die Liebe vor 17 Jahren nach Wien gebracht hat, oder im Bauernladen Helene, (5.) Kettenbrückengasse 7, mit hervorragenden regionalen Produkten.

## Und was ich noch sagen wollte …

Das Filmcasino in der Margaretenstraße 78, (5.), ist eines der schönsten alten Wiener Kinos, ein architektonisches Kleinod der 1950er-Jahre und außerdem eines der vielfältigsten und innovativsten Programmkinos in Wien. Es sieht sich als inklusives Kino, mit Angeboten wie Kinderbetreuung beim „Cinemorning“ bis zu „Sensory Friendly Screenings“ für Menschen mit Autismus und andere, die reizarmes Kino mögen. Ein Must! Info: www.filmcasino.at

FÜR FORTGESCHRITTENE

# *Vokabularium*

| | |
|---|---|
| Achterl | 1/8 Wein |
| affichieren | anbringen, aufkleben |
| auf einen Sitz | auf einmal, in einem Stück |
| Beisel/Beisl | einfaches Gasthaus, Kneipe |
| Bobo | spöttisch für einen Lebens- und Konsumstil, der zwischen Szenezugehörigkeit und Exklusivität pendelt – bohémien und bourgeois |
| a brader Weg | ein weiter Weg |
| Bua | Bub, Junge |
| bummvoll | komplett gefüllt, bis auf den letzten Platz besetzt |
| Einser-Menü | das erste von zwei angebotenen Mittagmenüs im Gasthaus |
| faschierte Laibchen | Buletten |
| Gastgarten | Ausschank eines Gasthauses im Freien |
| Gatsch | Matsch |
| kiebitzen | etwas voller Neugier beobachten |
| Gewurl | Gedränge, Durcheinander |
| Grätzel | Teil eines Stadtviertels, nähere Wohnumgebung |
| Gschistigschasti | Getue; bei Speisen: unnötiger Firlefanz |
| Gspritzter | Wein, üblicherweise Weißwein, mit Sodawasser; auch: blasierte Person |
| Gstätten | verwildeter Platz |
| Gustostückerl | besonders vorzügliches Stück |
| Gwand | Kleidung |
| Jause | Imbiss |
| Kaffeehäferl | große Kaffeetasse |
| Krawuzikapuzi | ein Ausruf des Erstaunens, der Überraschung, geprägt vom Pezi-Bären des Wiener Kasperltheaters |
| Kren | Meerrettich |
| Leberkässemmel | Brötchen mit Fleischkäse |
| Madl | Mädchen |
| Maschekseite | die andere, unübliche, hintere Seite |
| Mischkulanz | Mischmasch, Gemenge |
| Ober | Kellner |
| oida | Dialekt-Variante von „Alter“, Jugendwort des Jahres 2018, vielfach einsetzbar vom erstaunten Ausruf bis zur unverhüllten Drohung |
| in der Pampa | ganz weit außerhalb |
| Pawlatschengang | Laubengang in Innenhöfen alter Häuser, von dort gelangt man direkt in die Wohnung |
| Powidlpalatschinken | Pfannkuchen mit Pflaumenmus; „ist mir powidl“ bedeutet auch „ist mir egal“ |

| | |
|---|---|
| pritscheln | planschen; auch: stark regnen |
| Punschkrapferl | klassisches österreichisches Konfekt, ähnlich einem Petit Four, mit rosafarbener Zuckerglasur |
| ranzig | nicht mehr ganz frisch, abgenutzt, verbraucht |
| raunzen | nörgeln, lamentieren, sich beklagen |
| Reindl | Kasserolle, auch Hut |
| Salzstangerl | mit Salz bestreutes, längliches Gebäck |
| Schanigarten | kleiner Gastgarten auf dem Gehsteig vor einem Gast- oder Kaffeehaus |
| Schlagobers | Sahne |
| Seidl | Glas mit 0,3 l Inhalt, vor allem für Bier gebräuchlich |
| sich ausgehen | gerade noch hinbekommen, möglich sein, klappen |
| Standler | Markthändler |
| Stiege | Treppe |
| sudern | vor sich hinjammern, ähnlich dem Raunzen |
| Topfengolatsche | Blätterteiggebäck mit Quarkfülle |
| versumpern | versumpfen |
| Wasserschinakl | Boot, Kahn |
| Weinhauer | Winzer |
| zeitig | verhältnismäßig früh |
| Zugereiste | zugewandert, nicht hier geboren (gesprochen „Zuagraaste“) |

## *Begleitmusik*

1. Wien wort auf di* *Granada*
2. Grüß Gott, ich bin das Wienerlied *Die Strottern*
3. Wien brennt* *Das Trojanische Pferd*
4. wos an weana olas ens gmiad ged *Helmut Qualtinger*
5. Wean, du bist a Taschenfeitl *André Heller und Helmut Qualtinger*
6. Schaffnerlos* *Wolfgang Ambros*
7. Praterlied *Der Nino aus Wien*
8. Rudschduam* *Molden/Resetarits/Soyka/Wirth*
9. Ottakring* *Granada*
10. Alt-Ottakring* *Duo Czapek*
11. Der Novak lässt mich nicht verkommen *Cissy Kraner*
12. a schräge wiesn *Willi Resetarits & Stubnblues*
13. Badeschluss *5/8erl in Ehr'n*
14. Die Schenste Frau *Martin Spengler & Die Foischn Wiener*
15. Kabinenparty* *Skero feat. Joyce Muniz*
16. Sankt Marx* *Molden/Resetarits/Soyka/Wirth*
17. da r abrüü *Willi Resetarits & Stubnblues*
18. Das Favoriten-Lied *Gerhard Bronner*
19. Der Bua *Buntspecht*
20. Spritzwein *Wiener Blond*

* Zu diesem Lied gibt es auf Youtube ein sehenswertes Video.

# Quellenverzeichnis

S. 7: „*Man lege den Stadtplan ... zubrächte.*" Jörg Mauthe, Wien für Anfänger, 2009, S. 9 f

S. 27: „*Gereimtes ... Überkreuztes.*" https://www.events.at/l/kasino-am-schwarzenbergplatz

S. 30: „*zwischen einer ... Spielraum hat.*" Muscheler, Ursula: Haus ohne Augenbrauen: Architekturgeschichten aus dem 20. Jahrhundert, 2017, S. 50
„*an die dekadente ... Millionärsklasse.*" Kraus, Karl zitiert nach Adel, Martin u.a., Stadtbuch Wien, 1989, S. 151

S. 38: „*bemühte Architektur ... überdimensionierten Räume.*" Reischer, Peter, Wohnen in der Seestadt – Seeparkquartier, Fachmagazin Architektur, 18.6.2019

S. 42: „*Es entfaltet sich ... des Urbanen.*" Freitag, Wolfgang, Donaustadt: Wo Wien schon fast gar nicht mehr Wien ist, Die Presse, 20.6.2015 (https://www.diepresse.com/4758569/donaustadt-wo-wien-schon-fast-gar-nicht-mehr-wien-ist)

S. 49: „*wo man frei reden konnte ... Neugier nachzugehen.*" o.V., Verborgene Schätze, club wien, 8.4.2016 (https://club.wien.at/magazin/specials/stadtunbekannt-wu-campus/)

S. 51: „*verborgene Schätze*" Ebd.

S. 58: „*Außen verschlossen ... nach draußen.*" Bettel, Sonja, Hauptbücherei Wien, oe1.orf.at, 28.5.2018 (https://oe1.orf.at/artikel/644865/Hauptbuecherei-Wien)

S. 59: „*an dem niemand fragt ... zurückgezogen hat.*" Schlögl, Stefan, Revolution im Leseschiff, Zeit online, 22.7.2019 (https://www.zeit.de/2019/30/wiener-hauptbuecherei-digitalisierung-oesterreich)

S. 60: „*Ein Besuch ... Buchhandlung.*" o.V., Von Kontor über Segler bis Café: Österreichs beste Buchgeschäfte, Die Presse, 4.4.2019 (https://www.diepresse.com/5607473/von-kontor-uber-segler-bis-cafe-osterreichs-beste-buchgeschafte)

S. 63: „*Die Wiener ... Vegetarier waren.*" Zitiert nach Beirer, Julia, Kleingärten: Das Idyll in der Stadt, Kurier, 2.4.2018 (https://kurier.at/wohnen/kleingaerten-das-idyll-in-der-stadt/400013332)

S. 66: „*Gemeinsame Küchen ... zerstört.*" Reichspost vom 5.9.1925, zitiert nach dasrotewien.at (http://www.dasrotewien.at/seite/heimhof)
„*Für Frauen ... nur Schichtwechsel.*" Zitiert nach Bunke, Christian, Einküchenhaus: Frauenpower aus den 1920ern, meinbezirk.at, 20.11.2017 (https://www.meinbezirk.at/rudolfsheim-fuenfhaus/c-lokales/einkuechenhaus-frauenpower-aus-den-1920ern_a2319462)

S. 67: „*Ein Markt ... viel Fleisch.*" Renöckl, Georg, zitiert nach meiselmarkt.com (https://www.meiselmarkt.com/markt/)

S. 76: „*Am Erdberger Mais ... aufeinanderzutreffen.*" MA 18 Stadtentwicklung und Stadtplanung: Perspektive Erdberger Mais, Werkstattbericht 163, 2016, S. 37

S. 85: „*Noch nie hat ... sprachlos gemacht.*" Bachmann, Ingeborg, Malina, 1. Auflage, suhrkamp taschenbuch, 1980, S. 12

S. 96: „*Bei uns ... net so?*" Rieger, Lisa, Kaisermühlen Blues-Fans huldigen der Serie, wien.orf.at, 24.4.2016 (https://wien.orf.at/v2/news/stories/2770338/)
„*Die Zuseher ... wahre Leben.*" o.V., tv media, zitiert nach https://www.fernsehserien.de/kaisermuehlen-blues

S. 102: „*dreckig ... irgendwie lustig.*" Holzer, Florian, Die „Copa Beach"-Lokale im Überblick, Falter 32/19, 7.8.2019

S. 103: „*Milliarden-Dings ...*", „*trost- und fantasielos ... Donaurinnen ...*", „*Wer glaubt ... sein.*" Heigl, Andrea, Kaum Hochwasser in Wien dank des: „Milliarden-Dings", Der Standard, 5.6.2013 (https://www.derstandard.at/story/1369362618079/kaum-hochwasser-in-wien-dank-des-milliarden-dings)

S. 104: „*Eine römische ... nächsten 290.*" Friedrich Achleitner, zitiert nach Reinhard Seiß, An der schönen blauen Donau, Deutsche Bauzeitung, 12/2004, 1.12.2004

S. 105: „*Archiv der ... Wirklichkeiten.*" André Heller, zitiert nach https://www.circus-clownmuseum.at/geschichte/

S. 115: „*zusehen, wie ein Bild ... gleich bleibt.*" Seiler, Christian, Am Wasser sitzen und blöd schauen, Kurier, 26.5.2018 (https://kurier.at/freizeit/gehen/am-wasser-sitzen-und-bloed-schauen/400040779)

S. 118: „*Le Beisl n'existe pas.*" Schuh, Franz, Schwere Vorwürfe, schmutzige Wäsche, 2009, S. 160
„*Patiniert ... verwegen hohen Türmen.*" Misik, Robert, Zweite Welt (https://misik.at/2016/12/zweite-welt/)
„*in seinem Leben ... verzichten könnte.*" https://www.graetzlhotel.com/graetzlnews/unsere-fellows-im-interview/wir-stellen-vor-cafe-sperlhof/

S. 120: „*50.000, schätzte einer ... in der Leopoldstadt.*" Gepp, Joseph, Rückkehr ins Leopoldschtetl, Falter 07/09, 10.2.2009
„*Das Wiener ... vielfältig*", „*die Interessen ... auseinander.*" Ebd.
„*er muss ... anerkennen.*" Ebd.

S. 122: „*In der Tradition der Bürgergärten.*" Mazohl, Michael, Der verrückteste Park der Stadt, News, 12.9.2018

S. 123: „*Hofkoch und ... privater Lustbarkeiten.*" Corti, Severin, Ignaz Jahn: Die Buben vom Park, Der Standard RONDO, 23.2.2018

S. 128 ff.: Informationen zum Unterkapitel „Chillen am Kanal" Eiblmayer, Judith/Payer, Peter: Der Donaukanal, 2011

S. 130: „*Typisch wienerisch*"...: „*alles Neue ... betrachtet.*" Kozeschnik-Schlick, Ulrike, 20 Jahre Summerstage: Eine echte Erfolgsstory, meinbezirk.at, 24.4.2016 (https://www.meinbezirk.at/alsergrund/c-lokales/20-jahre-summerstage-eine-echte-erfolgsstory_a1712601)
„*Szene-Wasser ... Appeal.*" o.V., Mehr davon: Am Kanal, Falter, 22/10, 2.6.2010
„*Zwischen Insel und Wolken ... Pipilotti Rist.*" Dusl, Andrea Maria, Wo Wien nur Bobograd heißt, Welt am Sonntag, 26.2.2018

S. 140: „*mehr Geheimnisse ... Beichtstuhl.*" Hasmann, Gabriele, Prominente Geister, 2017, S. 131

S. 146: „*Wer das sucht ... ein Gräberfeld.*" Maimann, Helene, Eine vertilgte Mischpoche im Rucksack, in: Wien wirklich. Der Stadtführer, S. 47

S. 147: „*Bekannt und beliebt ... Bilderreisen.*" http://www.europaeische-theaternacht.at/web/schubert-theater-wien/

S. 156: „*So bildeten ... verband.*" Podgorski, Teddy, Geschichten aus dem Hinterhalt, 2010, S. 101

S. 157: „*unfreiwilliges Symbol ... Europas.*" Judt, Tony, Geschichte Europas von 1945 bis zur Gegenwart, 2006, S. 17
„*Wien ist ... railway track.*" Haider, Hans, Variationen in Stein, Wiener Zeitung, 10.9.2009 (https://www.wienerzeitung.at/startseite/archiv/70823_Variationen-in-Stein.html)

S. 158: „*Das Problem ... komisch aus.*" Laimer, Christoph, zitiert nach Winterer, Matthias, Neu gebaute Tristesse, Wiener Zeitung, 8.5.2016 (https://www.wienerzeitung.at/archiv/wien-waechst/816806-Neu-gebaute-Tristesse.html)

S. 160: „*ein fettes ... assoziieren kann.*" Novotny, Maik, Wiener Sonnwendviertel: Farbklecks mit sozialem Mehrwert, Der Standard, 13.3.2018 (https://www.derstandard.at/story/2000075647499/sonnwendviertel-farbklecks-mit-sozialem-mehrwert)

S. 165: „*Die Kreta war irgendwie ... hatte.*" Hadler, Simon, Kreta liegt in Favoriten, Der Standard, Journal 21, 02/19
„*Street Credibility ... herträgt.*" Ebd.
„*Es ist uns wichtig ... Vielfalt herrscht*", „*Wohnen, Bildung ... statt.*" Winterer, Matthias, Der Investor und das Kreta-Viertel, Wiener Zeitung, 17.1.2018 (https://www.wienerzeitung.at/nachrichten/politik/wien/860452-Der-Investor-und-das-Kreta-Viertel.html)

S. 173: „*50 coolest ... the world.*" Manning, James, The 50 coolest neighbourhoods in the world, 17.9.2019 (https://www.timeout.com/coolest-neighbourhoods-in-the-world)

S. 200: „*ein Küken ... lesen kann.*" o.V., o.T., 29.8.2007 (https://wiev1.orf.at/stories/217991)

S. 203: „*Essen ist meine Lieblingsspeise.*" Torberg, Friedrich zitiert nach Herkner, Stefanie (http://zurherknerin.at/)

# *Dank*

Danke an alle, die am Entstehen des Buches beteiligt waren, insbesondere an:
Elisabeth Stein-Hölzl, die mich wieder einmal für eine gemeinsame Reise
ins Unbekannte an Bord geholt hat,
Christian Fürthner, für die großartige Fotografie, die wunderbare Zusammenarbeit
und seinen unermüdlichen Einsatz, das Buch schöner und schöner und schöner zu machen,
Jasmin Parapatits, für die Wertschätzung, Verbundenheit und einen schon fast
unheimlichen gedanklichen Gleichklang,
Katharina Bacher, eine I-Tüpfel-Reiterin, wie sie sich selbst bezeichnet,
für eine begnadete Lektorin das größte Kompliment, das man ihr machen kann,
Raphael Drechsel, der nie die Nerven weggeschmissen hat,
und Zenja, der stets mein ruhender Fels in der Brandung ist.

ILSE KÖNIG | AUTORIN

Ilse König ist Salzburgerin, Tirolerin und seit 1980 leidenschaftliche Wienerin. Sie ist gelernte Sozialwissenschafterin, Verfasserin von Sachbüchern und Kochbuchautorin. Schon in den 90er-Jahren hat sie ein Buch über Wien geschrieben und sich in diese Stadt verliebt. Nach einer langen, erfolgreichen Karriere in Ministerien, Forschung, Beratung und Management, zuletzt als Geschäftsführerin eines Forschungsintituts für internationale Politik, widmet sie sich nun nur mehr dem Schreiben.

CHRISTIAN FÜRTHNER | FOTOGRAF

Christian Fürthner ist seit 30 Jahren als selbstständiger Fotograf tätig. Architektur, der öffentliche Raum und Stadtreportagen sind ein Schwerpunkt seiner Arbeit, in seiner Heimatstadt Wien wie auch auf Reisen in alle Welt. In der ihm eigenen Handschrift zeigt er Wien aus ungewohnten, ungewöhnlichen, oft verblüffenden Blickwinkeln, die einem die Stadt neu erschließen. Seine Fotos finden sich in nationalen wie internationalen Publikationen.

Hat Ihnen dieses Buch gefallen?
Dann freuen wir uns über Ihre Weiterempfehlung.

Wünschen Sie weitere Informationen zum Thema? Möchten Sie mit der Autorin in Kontakt treten? Wir freuen uns auf Austausch und Anregung unter
leserstimme@styriabooks.at

Inspiration, Geschenkideen und gute Geschichten finden Sie auf
www.styriabooks.at

STYRIA
BUCHVERLAGE


ISBN 978-3-222-13648-1

Bücher aus der Verlagsgruppe Styria
gibt es in jeder Buchhandlung und
im Online-Shop www.styriabooks.at

Alle Fotos inkl. Coverfoto: Christian Fürthner
Seite 28: **Schloß Schönbrunn, Wien**
Christian Fürthner für Stadt Wien:
Seiten 14, 22, 26, 29, 40, 42, 48, 50, 66, 67, 68, 76, 77, 87, 89, 92, 96, 102, 118, 129, 131, 134, 137, 138, 142, 144, 145, 148, 149, 155, 156, 158, 162, 172, 175, 176, 180, 184, 189, 192
Christian Fürthner für ÖBB – Infrastruktur:
Seiten 106, 107, 152, 158, 159, 160, 161
Portrait von Christian Fürthner: Ludwig Schedl
Projektmanagement: Jasmin Parapatits
Lektorat: Katharina Bacher
Herstellung: Maria Schuster
Buch- und Covergestaltung, Karten: Great

Wir übernehmen Verantwortung. Konzeption, Gestaltung sowie Herstellung, Papier, Druck und Bindung stammen aus Österreich.

Papier: Salzer Touch white 120 g
von Salzer Papier, 3100 St. Pölten
Druck: Print Alliance, 2540 Bad Vöslau
7 6 5 4 3 2
Printed in Austria

Hinweis: Die Kontaktdaten bei den Tipps entsprechen dem aktuellen Stand bei Fertigstellung des Buches (Juni 2020). Infolge der Coronakrise kann es insbesondere bei Angaben zu Restaurants und Shops zu unvorhersehbaren Änderungen kommen. Die Überblickskarten erleichtern die Orientierung, können aber die Verwendung einer detaillierten Karte oder eines Navigationssystems natürlich nicht ersetzen.

**Die berechnete Wegzeit ist die Zeit, die man bei durchschnittlichem Tempo zu Fuß, exklusive Fahrten mit öffentlichen Verkehrsmitteln, für die Strecke braucht.**